栗山俊弘 著
篁アンナ 作画

マンガでやさしくわかる経理の仕事

Accounting Department

日本能率協会マネジメントセンター

はじめに

この本を手にしてくれたあなたは、経理の仕事をすることになったのでしょうか？　それとも経理の仕事をしてみたいのでしょうか？　経理の知識に興味があるのでしょうか？

ところで経理の仕事にどのようなイメージをおもちでしょうか？　経理で思いつくのは「簿記」とか「仕訳」という言葉でしょうか？　それとも「仮払金」とか「現金」という「お金」にまつわるイメージでしょうか？　どれも間違いではありません。でもそれらは経理という仕事のごく一部にすぎません。会社は、「人」や「モノ」、「お金」、そして「情報」をもとに商品やサービスを提供して、お客様に「使ったお金より多くのお金を払っていただく」ことで営業を続けています。

経理の仕事は、会社のいろいろな活動をお金や人数、数量など、主に数字の情報にまとめて、さまざまな人に報告することです。報告する相手の目的によって情報の形は変わります。お金の情報だけではなく、人数や商品の数量、あるいは週や月、四半期もしくは1年から5年などといった時間など、情報の種類も変わります。

経理の仕事が扱うのは、計数の情報だけではありません。たとえば「この会社は将来も存続できるのか？」というような本質的なことまで対象になったりもします。

商品を仕入れたり、商品を売ったり、会社から給料をもらったり、あるいは電車に乗ったり、健康診断を受けたり、あなたが会社で経験している活動はすべて経理部に集められ、集計されて決算書や報告書になっています。個人商店でも、トヨタ自動車のような大企業でも、基本的な経理の仕組みは変わりません。

経理という言葉は、もともとは「経営管理」の省略形だといいます。「経営」とは、人が集まって何かひとつのこと（目的）をするときに、その目的を成しとげることができるように、全体を調整したり、管理したり、運営することです。そのような難しそうな「経営」のお手伝いをするのが「経理の仕事」なのです。現金を合わせたり、仕訳を起こしたり、伝票を書いたり、パソコンに入力するというような実務だけが経理の仕事ではありません。経理の仕事は「広くて深い」のです。

どこか遠くの、知らないところに行くとき、スマートフォンなどを使って交通経路や地図を調べると思います。海外に行くときはガイドブックを買うかもしれません。目的地に着いて、山や丘に登ってその土地を見ると、街の様子がよくわかるかもしれません。

ガイドブックを読んだり、高い場所から見下ろすように、会社全体を数字で表すのが経理の仕事です。会社全体を数字で表して現状を分析したり、将来のことを考えたりするために、電卓やパソコン、会計システムを使って、経営者やステークホルダーに情報を提供しているのです。

そして、そんな「経理の仕事の仕組みや内容がわかる」ことを目的に、この本を書きました。わかりやすいようにマンガのストーリーを取り入れています。
経理が会社でどのような役割を担っていて、どのような仕事をしているのか、その仕事をするにはどのような能力を身につければよいのか。広くて深い経理という仕事のエッセンスをマンガを通じて理解していただきたいと思い、できるだけやさしい言葉で説明しました。ただ、複雑な経理の仕事全般にふれているので、初心者の方は、概要をつかむことを目指してみてください。

せっかくこの本を手にしてくださったのですから、まずはマンガを読んでみてください。あまり知識のない方にも経理という職場の雰囲気が伝わるはずです。舞台は現代のＩＴ企業、あのシェークスピアの『ロミオとジュリエット』のオマージュです。

そしてマンガを読み終わって時間があったら、解説にも目を通してみてください。最初はわからないこともあるかもしれません。でも経理の仕事に慣れてきたら、「このことだったのか」と気づくはずです。

２０１６年２月

税理士・中小企業診断士　栗山　俊弘

マンガでやさしくわかる　経理の仕事

目次

第1章

財務会計の仕事

Story ジュリエットの想い

第2章 資金業務の仕事と管理会計の概要

第3章 管理会計の仕事

第4章 決算と税金の業務

Prologue

経理の仕事は奥が深くて面白い!?

Story
恋の予感

株式会社シェイク・スピア
会社説明会
がや
がや
株式会社
シェイク・スピアは
IT通信関連の
業務を行っている
いくつかの企業を
買収しながら
成長してきて
こんにちは
桂木《かつらぎ》 樹里《じゅり》 (24)
経理部
財務課会計係
東証一部に
上場している
受付

入社
3年目の私は…
こちらです
経理部で
働いていて
仕事も
それなりに
覚えてきた頃
パタン
今日は
人事部の手伝いで
受付をしている
わあぁあ
最後に弊社
代表取締役
からの
挨拶とさせて
いただき――…
これで
私の仕事も
一段落ね
写真
チェックイン
今なにしてる？
鈴木 幸子さんがコメントしました。
鈴木 幸子
たった今
やっと休憩～
疲れたよ～！
いいね！
あの…

まだ説明会
大丈夫ですか？
露見と
申します
露見《つゆみ》 龍夫《たつお》 (29)
露見さん…
ですね？
大丈夫です
こちらに
学校名と
お名前を…
学生じゃ
ないんです
名刺で
いいですか？
はい…
どーぞ

すごい 大手商社の経理部…
パタン
学生じゃ ないって ことは転職？
アレ… この人の名前 略すと「ロミオ」 じゃない？
露見 龍夫
じつは私…
シェイクスピアの
『ロミオとジュリエット』が 大好きなのです
たしかに 「ロミオ」のイメージ ぴったりかも
でもこれは 誰にも内緒
ちょっと恥ずかしい…
桂木さん ご苦労様！

経理部のトップ 路木部長
部長 お疲れ様です
名前の「路《ろ》」と「蓮《れん》」から「僧ローレンス」と呼んでいる
路《みち》木《き》 蓮《れん》（59） 経理部長
彼はロミオとジュリエットを応援する大きな存在で
路木部長にはそんな寛容さを感じている
ところで露見って人来なかったかね？
はい たった今…
大事なお客様だったんですか？
受付
なんだ すれ違いか
ああ 彼は近いうちに
我々の同僚になるかもしれないんだ
露見さんはヘッドハンティングでうちに来るようだ
やっぱり転職か…

その夜経理部では
会社説明会の慰労として宴会が行われた
乾杯!
ちら
残念ながら
うちの経理部は一枚岩ではない
私が所属する財務課と管理課は
財務課
管理課
きっちり座る位置が分かれている
路木部長が来年 定年を迎えるので
財務課長と管理課長は次期経理部長の座を争うライバル同士なのだ
経理部長
対立
財務課長
VS
管理課長
会計係長
資金係長
会計係
表向きは同じ経理部だが
ふたつの課は犬猿の仲なのだ

財務課と管理課って
どう違うのかって思いませんか？
経理の仕事は大きく3つに分かれます
経理の仕事の概要
うちの会社では財務課・会計係の仕事
私の仕事
実績を数値化し現状を把握する（財務会計）
資金の流れを管理する（資金業務）
会社の将来の方向性を考える（管理会計）
財務課・資金係の仕事
管理課の仕事
これらの業務分担は会社によって異なります
大企業ではそれぞれに専門の部署があり
経理部員に求められる知識もより専門的な深いものとなります
大企業
ひとつをより深く!!
中小企業ではひとりの業務範囲が広くなり
経理部員に求められる知識も広く浅くなります
わーやるコトいっぱい!!
中小企業
管理
財務
よお 桂木
飲んでるか？

見せたいものがあってさー
同僚の浜岡君とは大学も一緒で仲はいい
うちの「ティーボ」見てよ
可愛いだろ？
同じ財務課だけど彼は資金係
浜岡《はまおか》 英吾《えいご》（24）
経理部
財務課資金係
彼の飼い犬の名前から浜岡君のことは「ティボルト」と呼んでいる
「ティボルト」はジュリエットの従兄弟《いとこ》だ
…最近
うちの課長がピリピリしていると思わないか？
えっ 課長が？
路木部長は管理会計を重視しているようで
後任として管理課長を推しているそうだよ
優秀な人材を管理課に引き抜いてきたと言ってるしな
もしかして露見さんのこと…？

その状況に うちの課長は 焦りはじめてて まったくこっちは 仕事がやりづらくて しょうがないよな
…本来なら
財務課と管理課は 協力し合って 仕事をするべき
狭い経理部内だと いうのに お互いが いがみ合っている
私にはそれが 憂鬱だった
桂木さん
入社して何年に なるんだね？
今年の4月で 3年目に なります
そんなになるのか 早いものだな… だいぶ仕事には 慣れてきただろ？

まだわからないこともあるので
まだまだ勉強が足りません
新入社員の頃の熱い気持ちはまだ健在だな
君がベテランになっても
経理部員として忘れてほしくないことがあるんだよ
誠実であること
現場を理解すること
論理的な思考をもつこと
この3つだ
誠実でなければほかの部署から信頼されない
数字の意味を理解して
数字を扱う集計業務だけではなく
会社の問題点を把握することが必要だよ
そして感覚ではなく
常に論理的な思考で判断をするのが大事なんだ

僕が定年で会社を去ってもあとは頼むよ
はい
難しそうだけど頑張ります
さすが僧ローレンス言うことが違う…
僧ローレンスは私の師匠です
じゃあこっちだから
気をつけてね
おつかれさまでした
…そうだ
もうすぐ
露見さんと同僚になる…
ポケットに入れっぱなしだった…
露見

露見さんは
ロミオじゃないのに
「薔薇の花を別の名前で呼んでみても甘い香りは失せはしない」か…
(シェイクスピアの台詞より)
露見 龍夫
なぜか心が
ときめいてくる
バカな私…
えっ 私?
私は 私の『ロミオとジュリエット』の中では
もちろん
ヒロインの
ジュリエットよ♥

解説①
Prologue

経理の仕事は奥が深くて面白い!?

「みなさんは、**経理の仕事**って、どんなイメージをもっていますか? 新入社員の山下さんはどう?」

「私は、地道にコツコツとパソコンの入力をしてればいいのかと思いました」

「みんな最初はそう思うのよね。でも、経理の仕事って、本当はもっと変化に富んでいるのよ。本当のやりがいや面白さは、もっと別なところにあると思うの」

「たとえば、どういうところですか?」

「ひと言でいえば、**会計という情報を提供する仕事**なの。**株主や取引先・銀行など会社の外部に情報提供することもあれば、上層部の経営陣など会社の内部に情報を提供する**こともあるわ。

あと、社内の各部署との連携も必要なので、私たちは**コミュニケーション能力**も身につけなくてはならない。もちろん、**最新の経済動向**にも敏感になってないとね」

「思っていたより奥が深くて面白そうですね。私も、早く仕事を覚えて、仕事の幅を広げてみたいです」

経理の仕事は単純作業のくり返し？

経理の仕事は、傍目で見ていると、コツコツとパソコンで入力作業をしていたりするので、単純作業のイメージがあるかもしれません。しかし実際には、もっと変化に富んだ、とてもやりがいのある仕事なのです。

経理の仕事のメインとなる「会計」を大きく分けると、**財務会計**と**管理会計**があります。**どちらも、会計という情報を提供するのは同じですが、提供先が「会社の外部」なのか「会社の内部」なのかという違いがあります**。また、**経理機能は会計業務のほかに、必ず「資金業務」を伴います。**

●**財務会計**……会社の決算書を作成して、株主や取引先・銀行などの利害関係者（ステークホルダーともいう）に公開したり、税金を計算するときに使ったりする。情報の提供先は主に「会社の外部」。

●**管理会計**……会社が利益をあげて成長するための情報を経営陣に提供する。情報の提供先は主に「会社の内部」。

●**資金業務**……会社の現金や預金を管理する。会計及び経理業務の基本となる業務。

《財務会計と管理会計の比較》

	財務会計	管理会計
❶情報発信先	株主、債権者、諸官庁	経営者及び管理者
❷目　的	法律に準拠した財務諸表の作成	意思決定に有効な情報の報告
❸報告形式	貸借対照表及び損益計算書など	利益計画、部門別損益、粗利分析など
❹対象期間	半期または事業年度	過去：日次、月次、四半期、半期 未来：1年～5年

《財務会計と管理会計の相互補完の関係》

《経理の基本的役割》

<table>
<tr><th></th><th>情報の作成機能
（ライン的役割）</th><th>情報の発信機能
（スタッフ的役割）</th></tr>
<tr><td rowspan="2">財務会計</td><td rowspan="2">●売上計上
●仕入計上
●帳簿の作成
●試算表作成</td><td>●月次決算
●年次決算
●連結財務諸表
●申告書作成</td></tr>
<tr><td rowspan="2">●会計システム
●原価管理
●関係会社管理</td></tr>
<tr><td rowspan="2">管理会計</td><td rowspan="2">●販売管理
●利益管理
●投融資管理
●経営分析</td></tr>
<tr><td>●業績評価
●事業計画
●特命事項
●プロジェクト管理</td></tr>
<tr><td>資金業務</td><td>●現金出納
●資金繰り
●債権管理</td><td>●資金調達
●資金運用</td></tr>
</table>

経理の仕事は、会計情報を作成し、それを決算書などの書類として会社外部または会社内部に発信し、それぞれの部門で有効活用してもらうのが目的です。正確な意思決定のための情報を作成し、発信するためには、会社外部や会社内部の実情をよく理解し、相手から必要とされる情報が何であるのか、よく把握しておく必要があるのです。

また、現在の経理の仕事は、インターネットの発展や情報開示の拡大などにより、**「財務会計」と「管理会計」が相互に補完し合うこと**が求められています。「財務会計」の目的は、「**より高度な情報開示機能**」です。一方、「管理会計」は、「**利益が出る仕組みの構築**」が目的です。利益を出すためにも、より高度な情報開示が必要とされるのです。

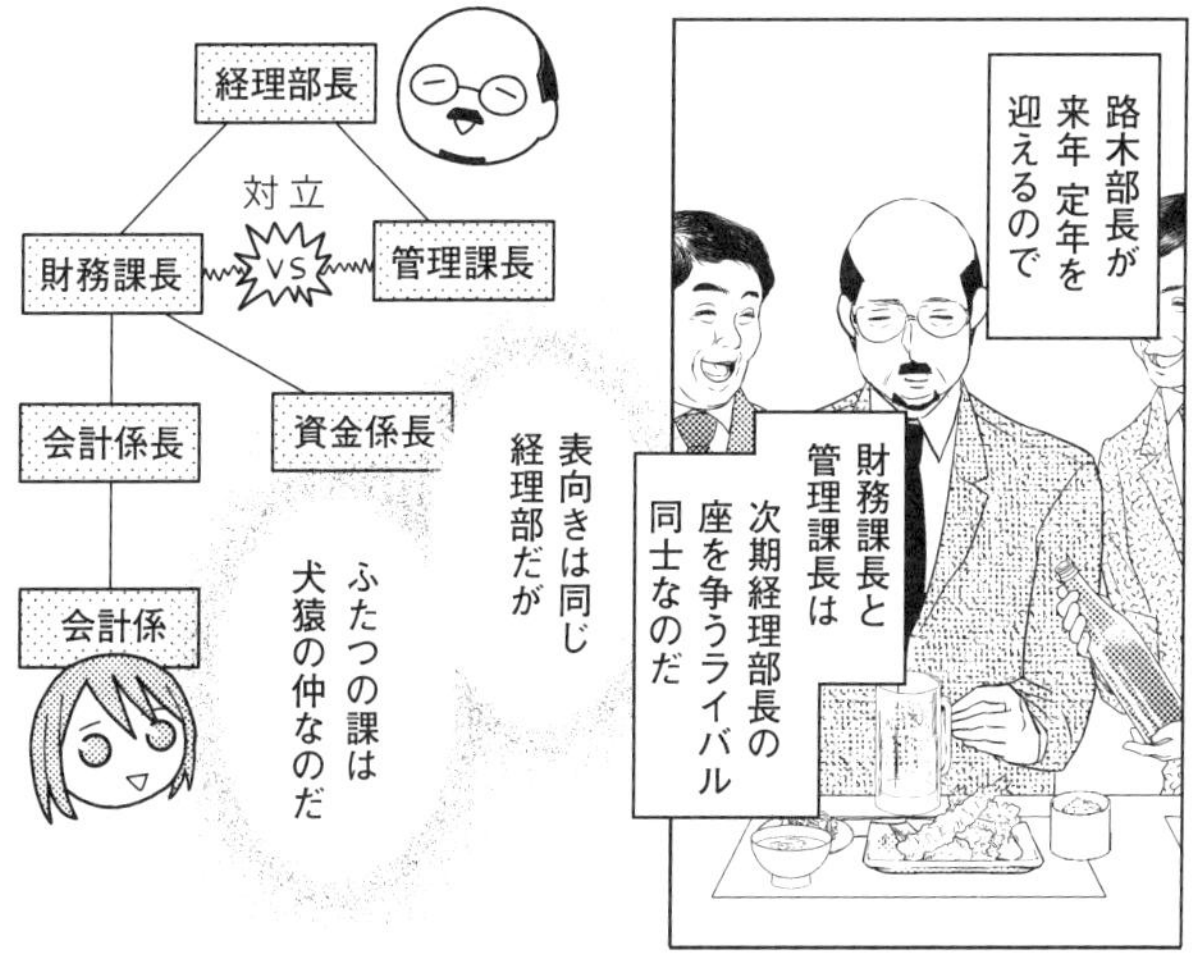

▲株式会社シェイク・スピア経理部の現状。

経理部にはどんな組織がある？

では、本書の物語の舞台である株式会社シェイク・スピアの組織図を例にして、経理部にはどんな組織があるのか見ていきます。

株式会社シェイク・スピア会社概要

（＊もちろん架空の会社です）

【設立】１９９０年

【業種】コンピュータのソフトウエアの開発

【年商】67億円

【決算月】毎年3月末／東証一部上場

【前年度経常利益】８億円

《経理部の仕事の概要》

経理部の仕事を大きく3つに分けると……。

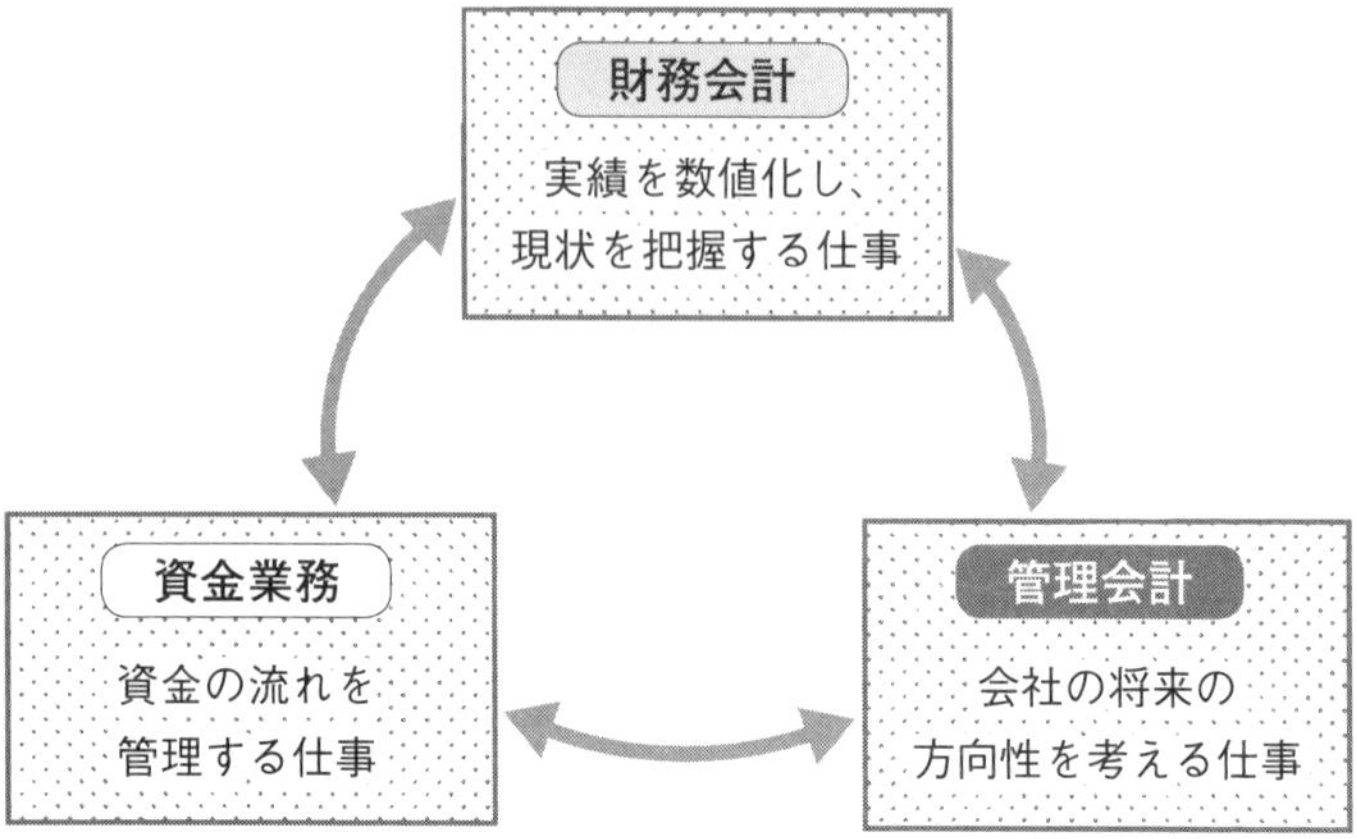

「財務会計」「管理会計」「資金業務」の関係

経理の仕事を構成する「財務会計」「管理会計」「資金業務」は、それぞれどんな関係にあるのでしょうか。簡単な図にまとめてみました。

これらの業務をどういう分担でやるのかは、それぞれの会社で違います。

上場するような大企業では、それぞれに部署を設けるなど、専門化されています。経理部員に求められる知識も専門的な深いものとなります。

小規模な会社では、ひとりの業務範囲が広くなり、経理部員に求められる知識が広く浅くなりがちです。

実績を数値化し現状を把握する財務会計

財務会計は、各部門の活動結果を受けて、**仕訳伝票を作成・入力し、月次決算、四半期決算及び年次決算をまとめる**のが基本的な業務となります。企業活動として行われる購買、製造、販売など一連の取引をすべて数値化し、「**貸借対照表**」や「**損益計算書**」などの決算書としてまとめます。

《財政状態を表す貸借対照表》

貸借対象表　平成××年×月×日現在

資産の状態 ／ 資産の調達源泉

資産の部	負債の部
流動資産 ――― ××× ――― ×××	流動負債 ――― ××× 固定負債 ――― ×××
固定資産 ――― ××× ――― ×××	純資産の部 ――― ×××
資産合計	負債及び純資産合計

《経営成績を表す損益計算書》

損益計算書
自　平成××年×月×日現在　至　平成××年×月×日

売上高
－）売上原価
①売上総利益
－）販売費及び一般管理費
②営業利益
＋）営業外収益
－）営業外費用
③経営利益
＋）特別利益
－）特別損失
④税引前当期純利益
－）法人税、住民税、及び事業税
⑤当期純利益

5つの利益

《会社の将来の方向性を考える管理会計》

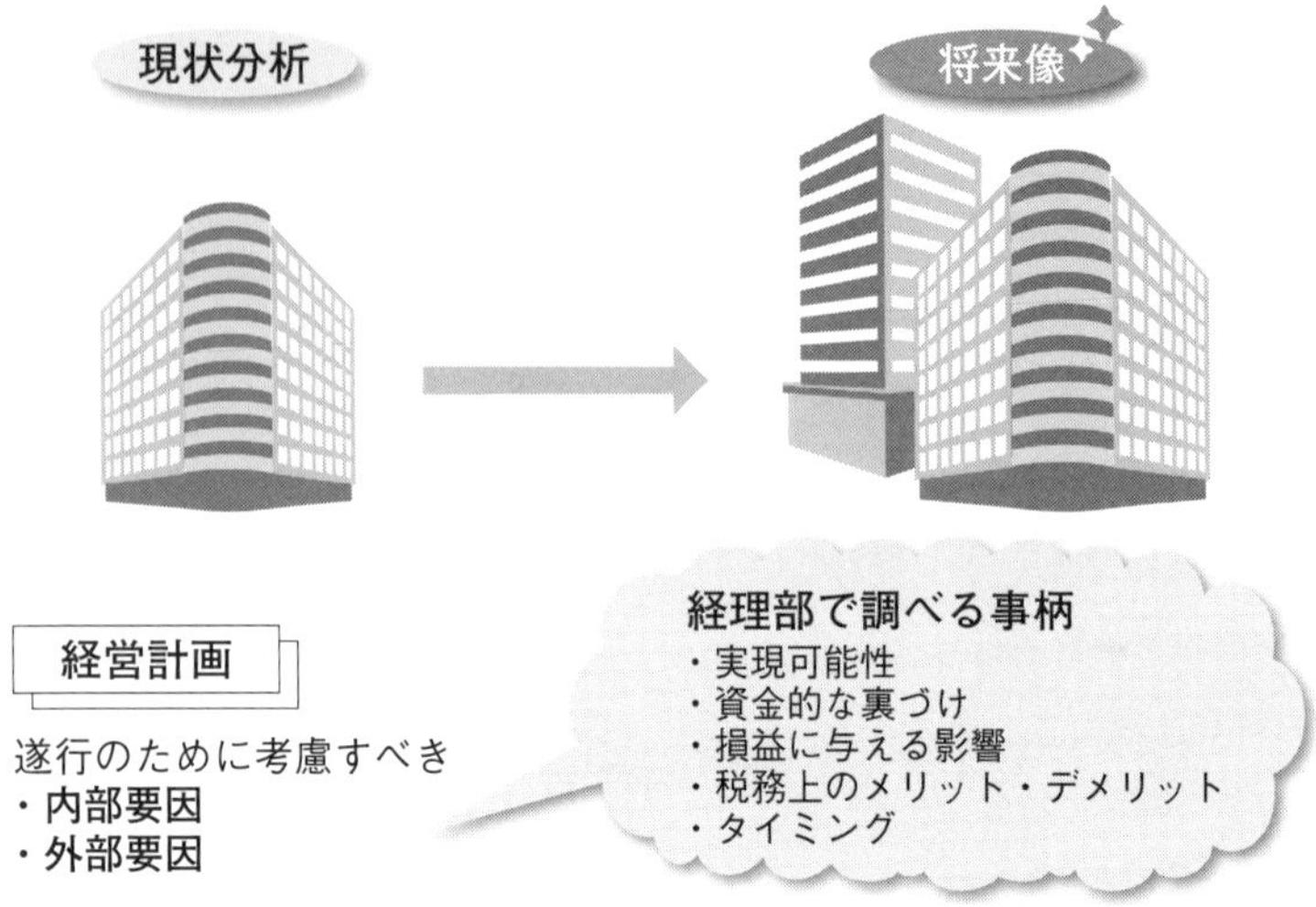

会社の将来の方向性を考える管理会計

管理会計は、**会社のトップが経営計画を策定する際に、意思決定の判断材料となる情報を提供する業務**です。経営者は、管理会計が提供する情報をもとに、技術の進歩の具合、消費市場の変化、競争相手の動向などを考慮して、3～5年先の計画を考えます。

実際の計画は、「経営企画室」などの部署が策定することもありますが、経理部の仕事としては、「**実現可能性**」、「**資金的な裏づけ**」、「**損益に与える影響**」、「**税務上のメリット・デメリット**」、「**タイミング**」などの面から、情報提供を行います。

《資金業務》

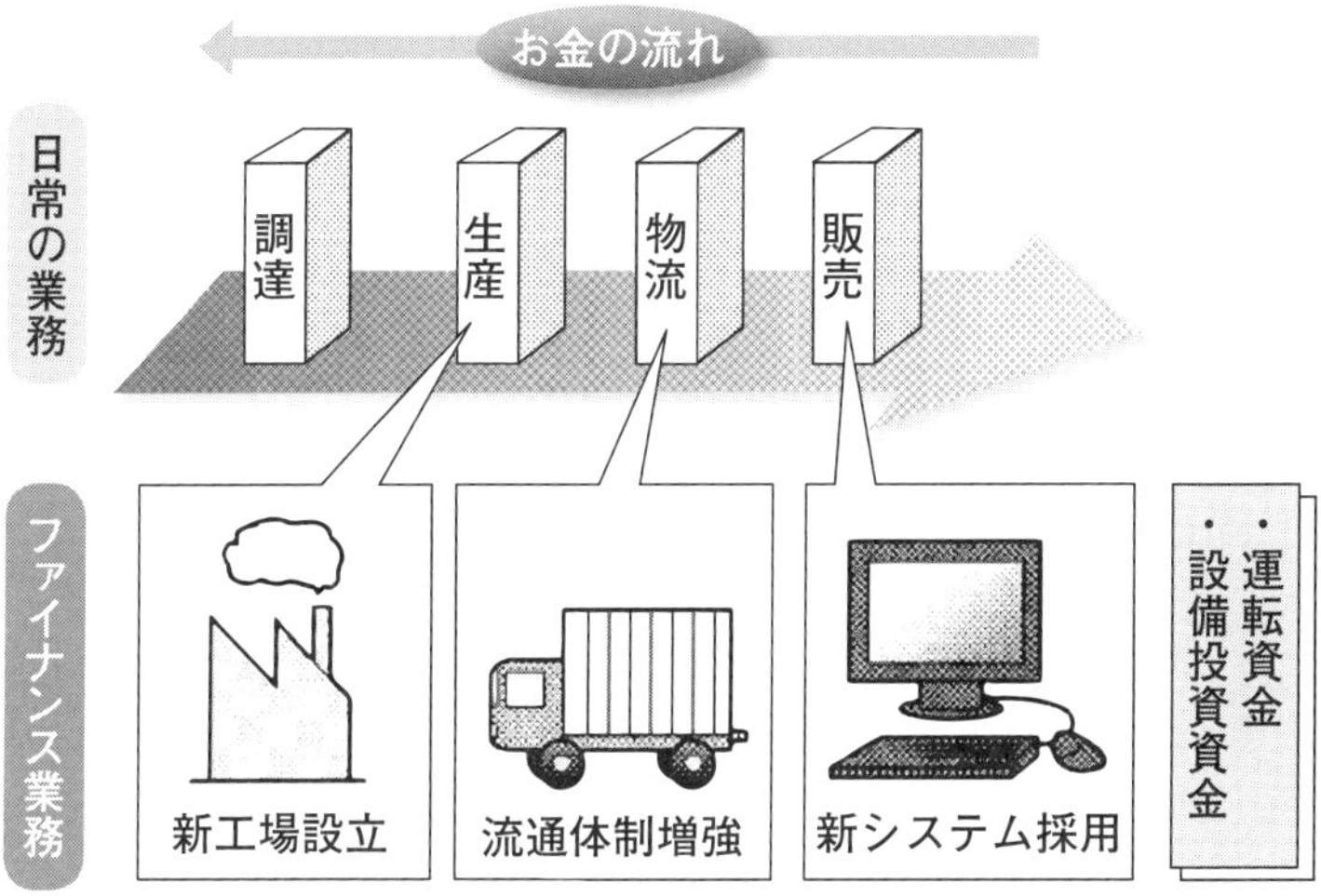

資金の流れを管理する資金業務

会社の経営を円滑に行うには、資金の流れが重要になってきます。決算が黒字だから資金があると考えるのは、少し早合点です。通常、**利益の金額と資金収支は一致しません**。資金不足で支払いが遅延すると会社の信用が落ちて、その後の経営に影響が出てしまいます。このようなことにならないように、資金の管理は慎重に行う必要があるのです。

資金の管理には、次のふたつがあります。

❶通常の営業活動に伴うもの

小口の現金や預金の出納、受取手形の管理、債権の入金管理、支払手形の振出や支払期日の管理、人件費の支払管理などを行う。

❷ファイナンス（資金調達）に関するもの

運転資金や設備投資資金をまかなうために、外部から資金調達を行う。

経理部は、これらのふたつの資金管理を行い、会社の業務に支障が出ないようにします。

経理部員の心構えとは!?

「桂木さんには、これだけは忘れてほしくない経理部員の心構えがあるんだよ。それは、『**誠実であること**』、『**現場を理解すること**』、『**論理的な思考をもつこと**』なんだ」

「『誠実であること』と『現場を理解すること』は、簡単そうですけど、『論理的な思考をもつこと』は難しそうですね」

「そうかな？　経理部員は、会社の実態や方針を数字で表現することだから、常に冷静でいれば大丈夫。ときに

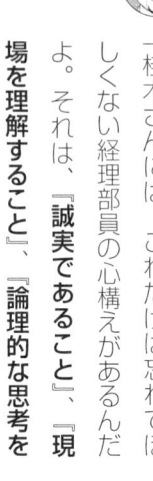

は、他の部署に毅然とした態度で警告しなくてはいけないときもあるからね。むしろ私は、『誠実であること』を継続させるほうが大変だと思うよ」

「どうしてですか？」

「桂木さんは、交差点で、車が通っていなかったり、周りに誰もいなかったりしたとき、赤信号でも無視して渡ってしまうことはないかい？」

「あっ、そういうの、たまにあります」

「ちょっとぐらい大丈夫……って心に隙があると、人は誠実でいられなくなってしまうんだよ。長い間誠実で通すことって、簡単なようで大変なことだよ」

「なるほど……。いつも気を引き締めて、頑張ります！」

経理の仕事に必要な3つの心得

【誠実であること】

●社会人として、経理部員として、社内の信頼関係を作る。

●馴れ合いを避け、厳然とした態度で臨む。

【現場を理解すること】

●現場へ行く。

●現場の声を聞く。

●必要時に現場の役に立つ情報を提供する。

【論理的思考をもつこと】

●計数資料で事実を確認する。

●経理基準、法律的な確認をする。

第1章

財務会計の仕事

Story
ジュリエットの想い

シェイク・スピア株式会社
Shake・speare Corporation
経理部
財務課
私が所属する財務課会計係の仕事はたくさんある
毎日の作業に仕訳伝票の入力
そして月初に
月次決算書の作成と報告の仕事がある
桂木さん すみません
ちょっと わからない ことが…
彼女は新入社員の山下さん
売上原価と在庫の管理がわからなくて…
経理のことは素人だけど
勉強熱心なので私は期待している
すっ
伝票
年 月 日
借方科目
金額
部門
補助コード

財務会計の仕事
会社で発生した取引は経理にデータが集められて
各部門
取引→仕訳→記帳
（毎日）
経理
集計→決算
（毎月）
（毎年）
各部門や会社全体での財務状態や経営成績が把握されるの
この集計の方法は複式簿記の仕組みを使っています
取引データ
（売上・経費等）
→
仕訳データ
（入金伝票・出金伝票・振替伝票）
→
総勘定元帳
補助簿
集計！
経理部
仕訳帳
→転記
勘定
仕訳
よし！
売上
経費
営業
取引
このへんはもう知ってるわね
はい大丈夫です
うちはITサービスを提供する会社だから製造業と違って売上原価や在庫はあまりなじみがないんだけど
経理に携わる者としては知っておくべきよね
IT企業
バトンタッチ
製造

製造業の原価は「製造原価」と「販売費・一般管理費」のふたつにわかれます
《原価の区分》
総原価
製造原価
販売費
一般管理費
売上原価
製品期末棚卸
《原価計算の流れ》
製造業では「財務諸表」を作成するときに
決算期末
作るぞ！
製造
財務諸表
「財務諸表」と一般的にいわれる「決算書」のこと
計算！
製品原価
仕掛品原価
＊材料を加工中でまだできていない製品
期末の「製品」や「仕掛品（＊）」の原価を確定しなくてはいけないの
そのために「製造原価」を集計して「製品」や「仕掛品」の一単位あたりの原価を計算するんですね！
在庫管理
次に在庫管理ね
《在庫とは？》
仕掛品
材料
商品
製品
在庫は 現金と同じように価値のある大切な財産です

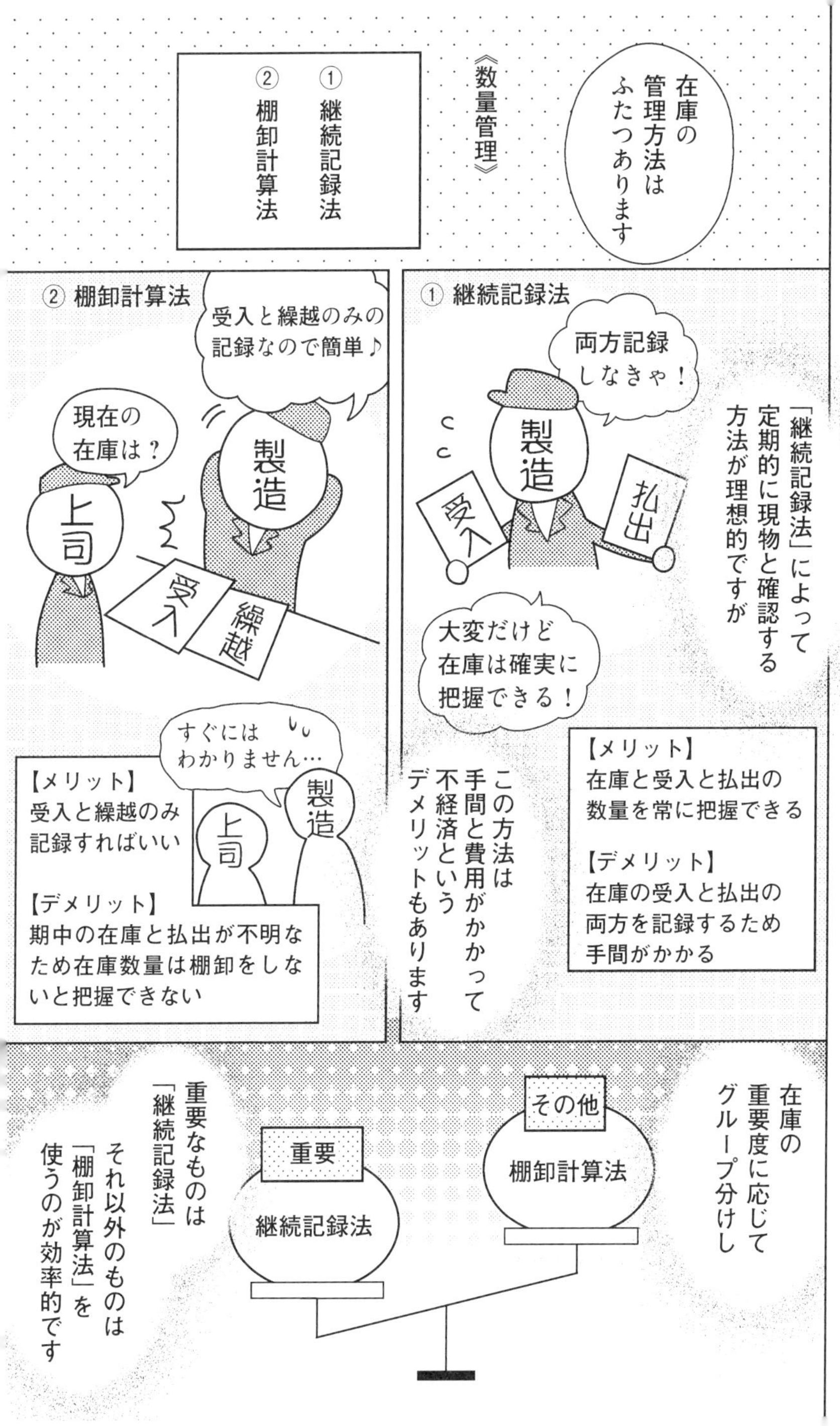

在庫の管理方法はふたつあります
《数量管理》
① 継続記録法
② 棚卸計算法
① 継続記録法
両方記録しなきゃ！
「継続記録法」によって定期的に現物と確認する方法が理想的ですが
製造
受入
払出
大変だけど在庫は確実に把握できる！
【メリット】
在庫と受入と払出の数量を常に把握できる
【デメリット】
在庫の受入と払出の両方を記録するため手間がかかる
この方法は手間と費用がかかって不経済というデメリットもあります
② 棚卸計算法
受入と繰越のみの記録なので簡単♪
現在の在庫は？
製造
上司
受入
繰越
すぐにはわかりません…
製造
上司
【メリット】
受入と繰越のみ記録すればいい
【デメリット】
期中の在庫と払出が不明なため在庫数量は棚卸をしないと把握できない
在庫の重要度に応じてグループ分けし
その他
棚卸計算法
重要
継続記録法
重要なものは「継続記録法」
それ以外のものは「棚卸計算法」を使うのが効率的です

「固定資産管理」と「減価償却」についても教えてください
「固定資産」とは不動産や備品など長期にわたって会社が保有する資産のことです
固定資産管理
固定資産
有形固定資産
土地
車両運搬具
建物
工具機器備品
無形固定資産
法律や契約による利用権
ソフトウェア
営業権
特許権
etc…
投資等
子会社株式
出資金
長期貸付金

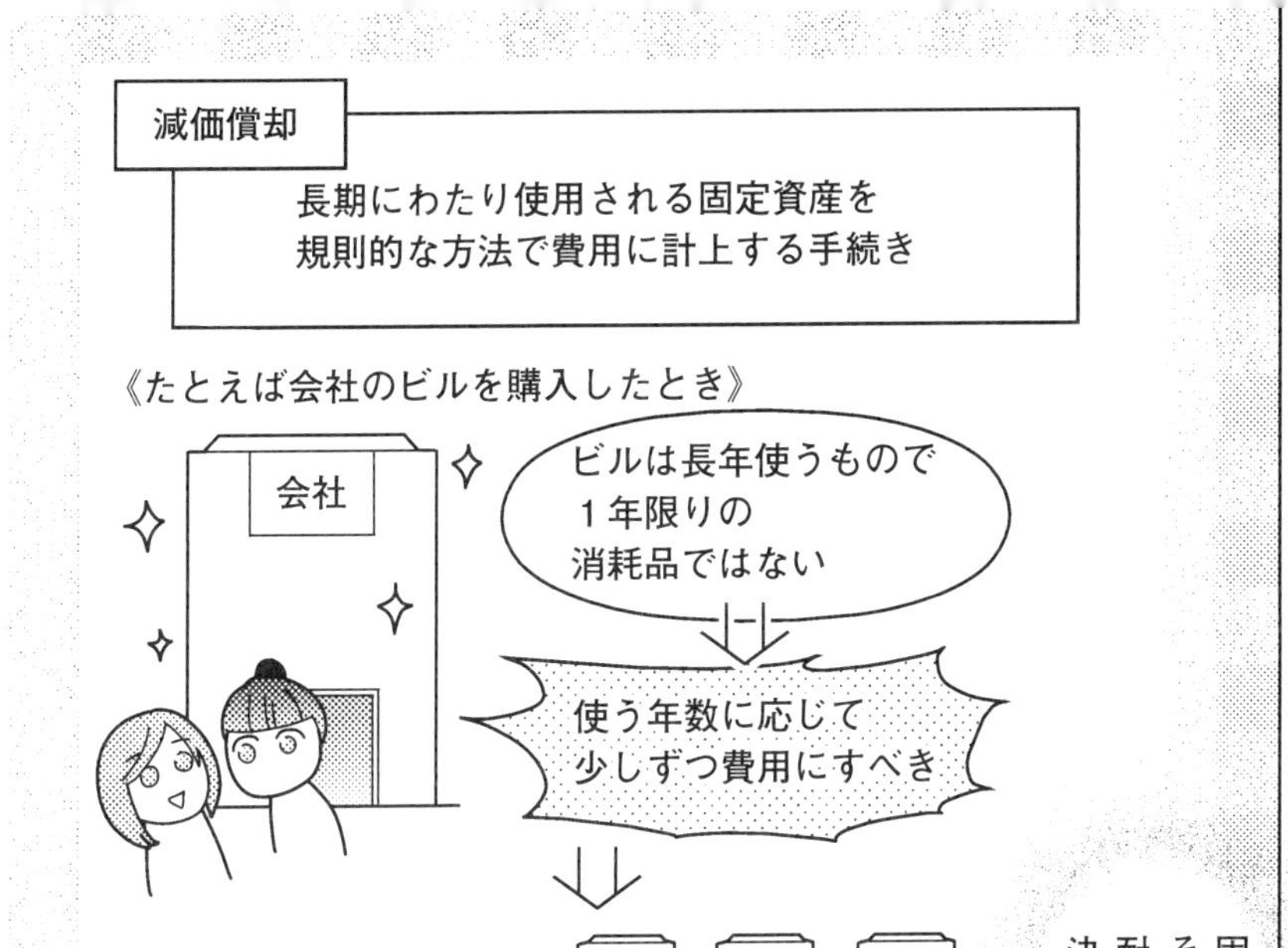
減価償却
長期にわたり使用される固定資産を規則的な方法で費用に計上する手続き
《たとえば会社のビルを購入したとき》
会社
ビルは長年使うもので1年限りの消耗品ではない
使う年数に応じて少しずつ費用にすべき
小分けされた費用「減価償却費」
1年分
1年分
1年分
「損益計算書」に毎年分割で計上します！
P/L
固定資産にはそれぞれ耐用年数が決められており
その年数に応じて減価償却が行われます

固定資産は一度計上してしまうと
その後放置されてしまいがちです
固定資産管理
● 現物管理
● 帳簿管理
定期的に現物を調査し
処分したものは帳簿から取り除く必要があります
不要資産

じゃあ最後に「債権管理」と「海外取引会計」を説明するわね
はい
何かモノを売ると代金をもらいます
小売店は現金でもらうこともありますが
通常の会社はあとで代金を振り込んでもらいます
債権管理
商品 請求書
自社
お客様
代金
売掛
まだ支払ってないよ
この代金を受け取ることができる権利を「売掛債権」と呼んでいます
振込
お客様
商品代金
ここで重要になってくるのが「債権管理」です
取引先の情報を知らずにいると貸し倒れや詐欺にあう可能性があります
じつは経営が苦しくて…
買い手
ごめん！やっぱり払えない
えっ 困るよ！
売り手
商品

リスクを回避するために新規取引先に対する信用調査が必要です
大変!!
連鎖倒産!!
「債権管理」とは次のような仕事です
債権
売掛金や受取手形などの売掛債権
貸付金・仮払金・立替金
① 与信管理
貸し倒れ防止のため債務者の支払い能力を調査
信用調査!
信用調査会社に依頼
自社独自で実地
② 滞留管理
支払いの遅れている売掛債権回収の促進
販売部門
債権滞留表
うーん回収の予定はいつだろう…
③ 実在管理
債務者と会社の債権が一致していることを確認
確認状
取引先
経理部
自社
経理部
合ってるかな?
合ってるよ
④ 保全管理
貸し倒れの可能性のある相手先に対して債権を保全
NG!
取引停止
担保設定
営業保証金

外貨建て取引
それから海外取引をするときですが
$
€
元
etc...
¥
Hi!
円で取引することはまれで
通常は外貨建てで取引をします
「外貨建て取引」は為替変動リスクに備える必要があります
① ヘッジ取引
為替変動のリスクを回避する取引為替予約などの手法を使う
② 投機取引
ヘッジ取引以外で差益を得るために行うリスクの高い取引
金融機関や投機の専門会社以外は禁止することが多い
為替ヘッジ取引
円に転換するまでの
為替の変動が心配
将来的に売買するので
現在の価格で
予約させてください
「先物取引」
利益を確定
リスク回避！
円安
安心
「ヘッジ（Hedge）」とは
「回避」という意味なの

年度末には必ず「決算書」を作成します

決算書の種類と役割

① 貸借対照表
(財政状態を表す)

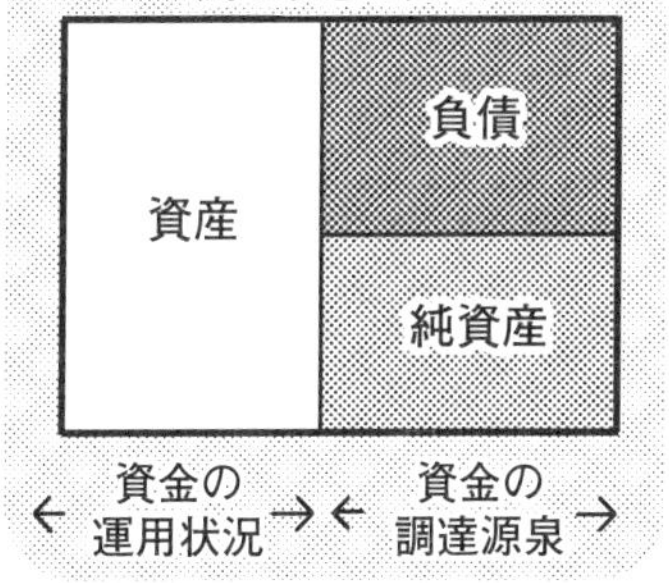

② 損益計算書
(経営成績を表す)

- 純売上高
- 売上原価
- 売上総利益 ←1
- 販売費及び一般管理費
- 営業利益 ←2
- 営業外収益
- 営業外費用
- 経常利益 ←3
- 特別利益
- 特別損失
- 税引前当期純利益 ←4
- 法人税、住民税及び事業税
- 当期純利益 ←5

5つの利益

③ 株主資本等変動計算書

前期末残高 当期変動額	株主資本			純資産合計
	資本金	資本剰余金	利益剰余金	
前期末残高				
当期変動額 新株発行 剰余金の配当				
当期末残高				

④ 個別注記表

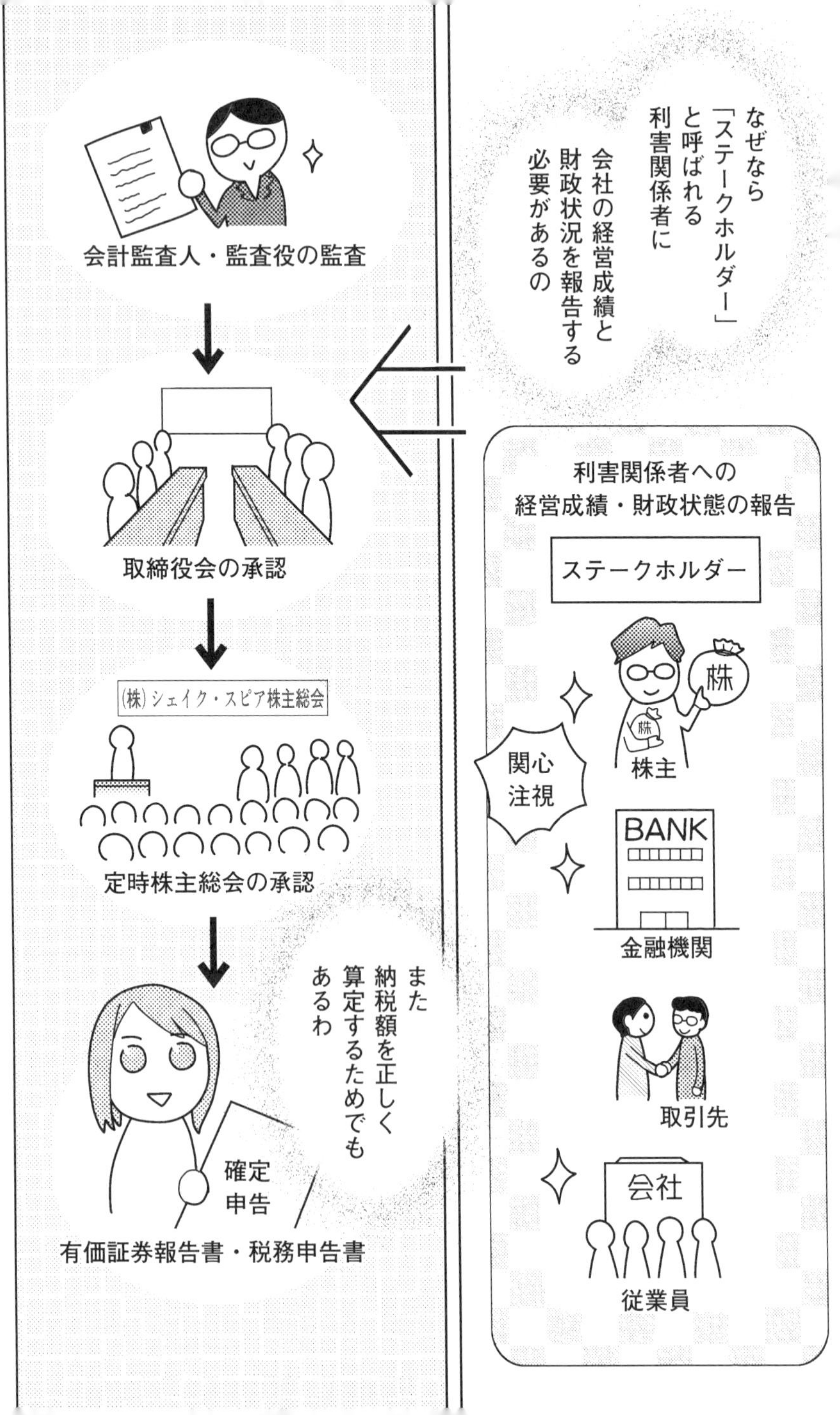
会計監査人・監査役の監査
取締役会の承認
(株)シェイク・スピア株主総会
定時株主総会の承認
確定
申告
有価証券報告書・税務申告書
なぜなら「ステークホルダー」と呼ばれる利害関係者に会社の経営成績と財政状況を報告する必要があるの
利害関係者への
経営成績・財政状態の報告
ステークホルダー
関心
注視
株
株
株主
BANK
金融機関
取引先
会社
従業員
また納税額を正しく算定するためでもあるわ

山下さん
ちょっと
いいかな？
ビクッ
やだ
何か間違えた
かしら…
大丈夫よ
ザッ
この請求書
君が入力を
したものだね？
は　はい
どうして
くれるんだよ
金額が1桁
多いよ
す
すみません
金額
5,600,000
23,500
56万円のはずが
560万円に
なってるだろ！
すみません
じゃないよ！
向こうは激怒して
取引をやめると
言い出してるぞ！
…す
すみません

山下さん まずいタイミングで ミスしちゃったなぁ
課長は 出世戦争で 不機嫌だし
はらはら
だから すみませんじゃ すまないって 言ってるだろ！
課長
あっ ティボルト…
山下さんも 反省している みたいだし
そのぐらいで 勘弁してあげては どうでしょうか？
浜岡 お前は 黙ってろ！
は はい すみません…
……
ティボルトのヤツ 根性ないんだから
ここは私が フォローしなくちゃ
もー…
君がミスをしたのは これが初めてじゃ ないだろう？

ざわ
…はい
でも私は指示どおりに入力しました
何だと！
君は自分のミスを認めない気か？
ざわ
ざわ
営業から回ってきた伝票が間違っているから
56万円にしてくれって言ったじゃないか！
あっ…
だから56万円に直したはずなんです…
あの請求書…
営業の伝票と数字が違うから
私が勝手に直しちゃったんだ…
カタ…
単価
備考
金額
560,000
金額
5,600,000
山下さんじゃなくて私のミスだ…

どうしよう…
あくまで君は自分のミスをごまかすつもりか？
……
ふたりとも私のミスに
気づいていない…
このまま黙っていれば…
ぎゅ…
桂木さん
経理部員として忘れてほしくないことがあるんだよ
誠実であること
現場を理解すること
論理的な思考をもつこと
経理部員として
この3つだ

忘れてはいけないこと…
課長
申し訳ありません
その伝票は私が間違えました
山下さんごめんなさい
山下さんが正しく入力したのに
私が営業の伝票を見て間違えた数字に直してしまいました
本当にごめんなさい
いいえいいんです

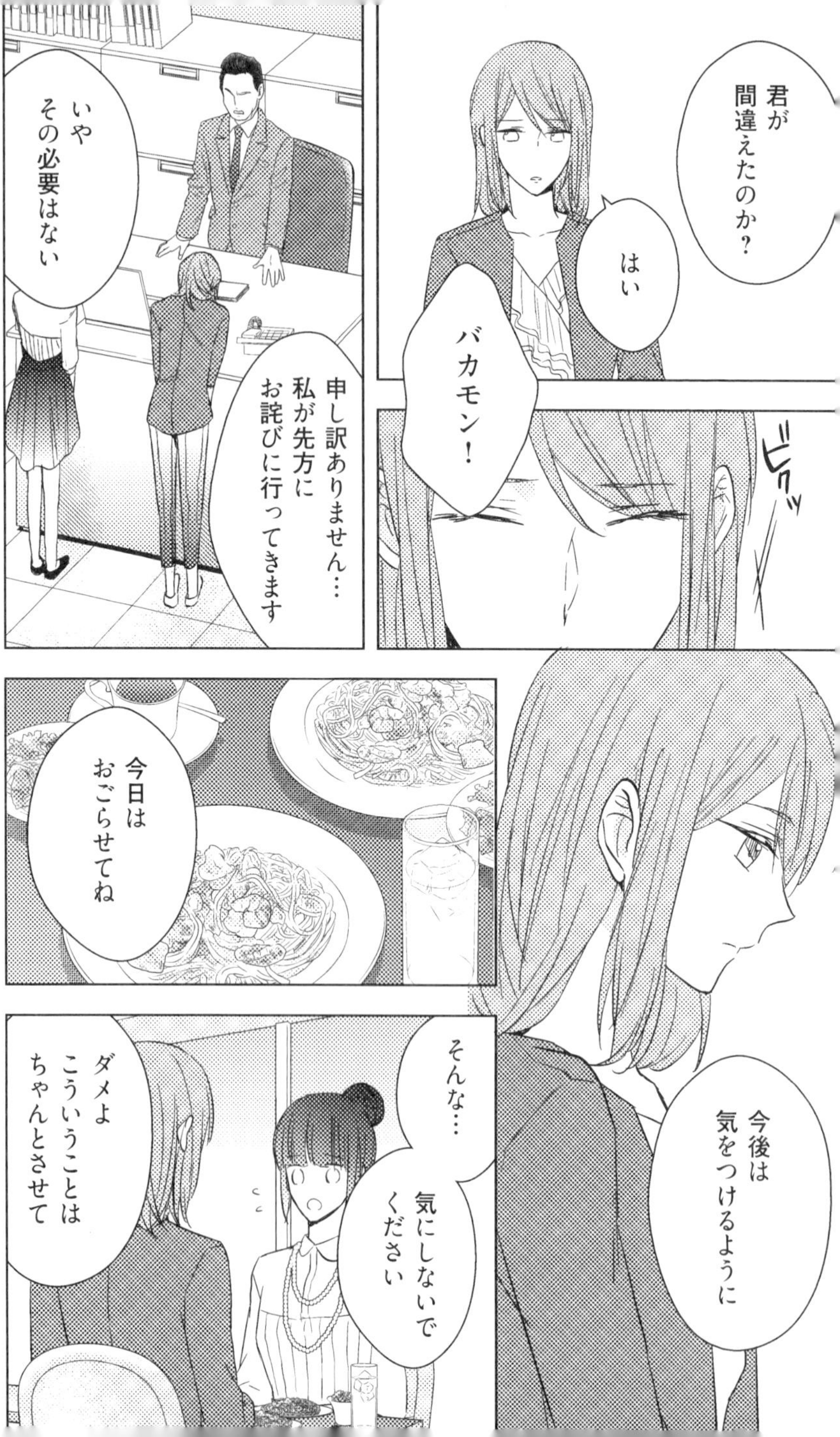
君が間違えたのか？
はい
バカモン！
ビクッ
申し訳ありません…私が先方にお詫びに行ってきます
いや その必要はない
今後は気をつけるように
今日はおごらせてね
そんな… 気にしないでください
ダメよ こういうことはちゃんとさせて

…でも 意外と課長 静かだったわね
きっと 怒りすぎて 疲れたんですよ
ホントにごめん
経理の仕事で 求められるのは 誠実さ 現場の理解 論理的思考だ
誠実さは 簡単なようで 一番難しい
仕事には 慣れていたつもりで いたけど
カタカタ…
油断は禁物…
よし
誠実さを 大事にする気持ちを 忘れないようにしたい…
ジュリエット ブログ
年 月 日
今日ジュリエットは、
会社でミスをして
しまいました…
改めて仕事の難しさや
奥深さをかみ締めています…
更新っと…

解説② 第1章

財務会計の仕事

「ここでは、経理の仕事のうち、私たちが担当している**財務会計**について、具体的に話すわね」

「はい、よろしくお願いします」

「まずは、年間スケジュールから把握してね。毎日伝票入力だけだと、全体が見えなくなりがちです。ここで基本となるのは、決算日です。会社の1年で大晦日に当たる日ね。年に1回のことだけど、常に決算ということを頭に入れて日々の業務をしてね」

「弊社は、3月末の**決算**ですから、会社にとっては4月1日が元旦となるわけですね」

「そして、同じくらい重要なのが、**定時株主総会**。決算書を作成したら、株

主総会の承認を得ないといけないの。会社の定款に、定時株主総会は3カ月以内に開催すると記載されているので、毎年6月後半に開催しています」

「質問していいですか？　株主総会が6月じゃ、税務申告に間に合わないんじゃないですか？　決算日から2カ月以内に申告って、どこかで聞いた気がするんですけど……」

「概算額の納付は2カ月以内にするわよ。でも弊社は、申告期限の延長をして、申告書を提出するのは、決算日から3カ月以内。株主総会の承認が終わってからでいいのよ。会社の運営は、**会社法**という法律に沿って行われています。上場しているので、**金融商品取引法**の規制も受けます。上場すると投資家など外部からのチェックが多いので、経理の仕事って、とても重要になってくるのよ」

「大変そうだけど、やりがいのある仕事なんですね！」

毎日の作業に
仕訳伝票の入力
そして月初に
月次決算書の
作成と報告の
仕事がある
桂木さん
すみません
ちょっと
わからない
ことが…

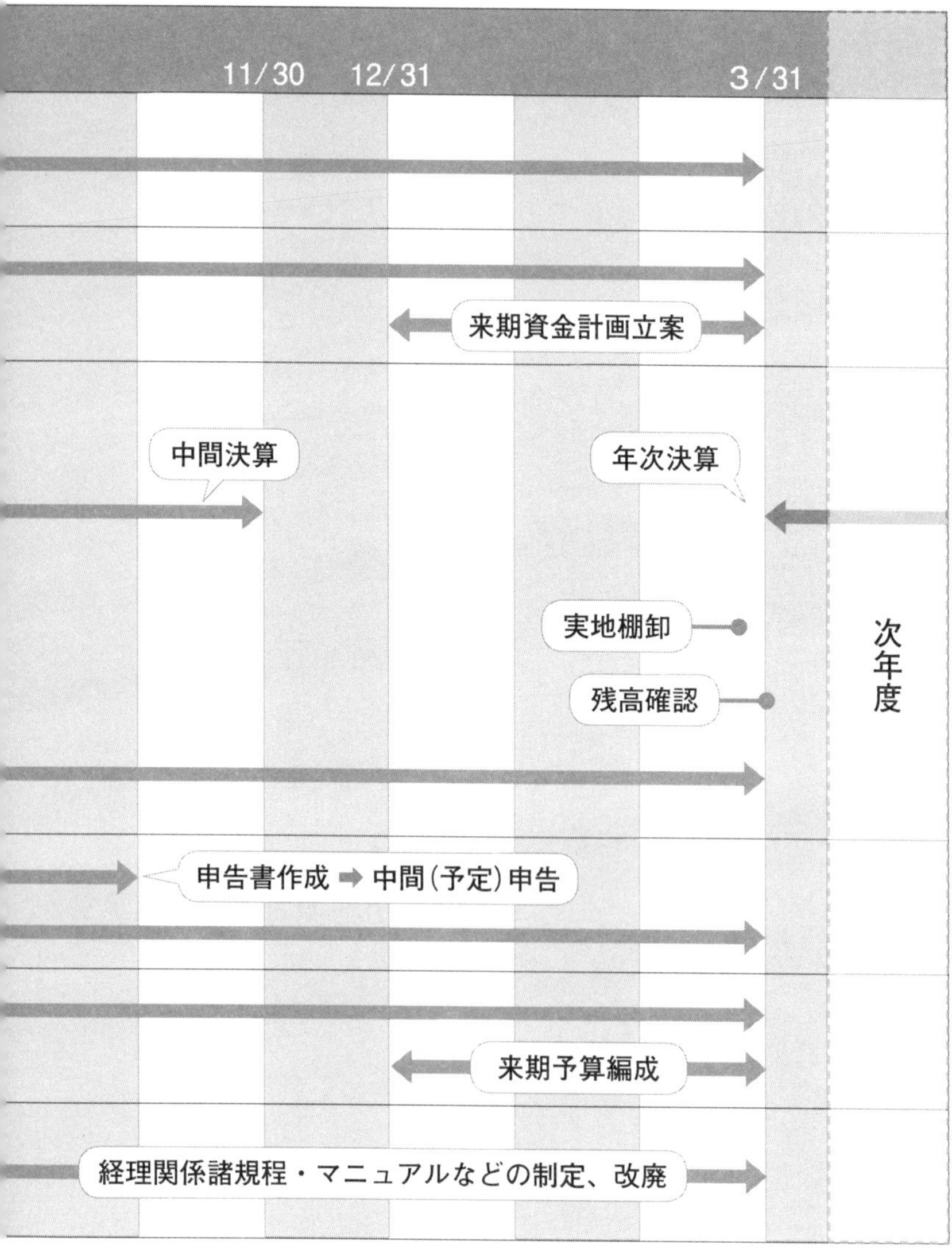
11/30
12/31
3/31
来期資金計画立案
中間決算
年次決算
実地棚卸
残高確認
次年度
申告書作成 ➡ 中間(予定)申告
来期予算編成
経理関係諸規程・マニュアルなどの制定、改廃

《経理部の年間基本スケジュール》

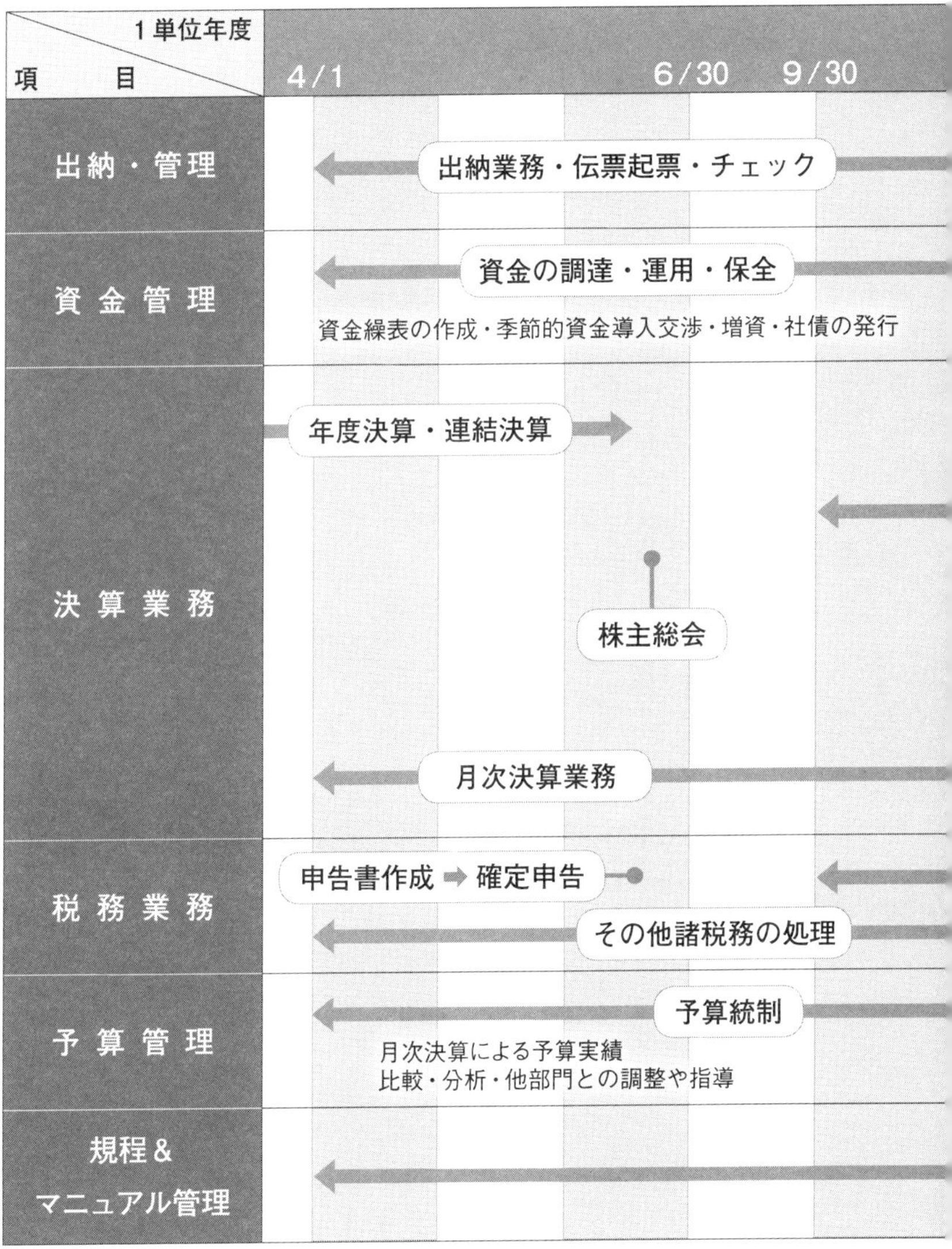
1単位年度
項　目
4/1
6/30
9/30
出納・管理
出納業務・伝票起票・チェック
資金管理
資金の調達・運用・保全
資金繰表の作成・季節的資金導入交渉・増資・社債の発行
決算業務
年度決算・連結決算
株主総会
月次決算業務
税務業務
申告書作成 ➡ 確定申告
その他諸税務の処理
予算管理
予算統制
月次決算による予算実績
比較・分析・他部門との調整や指導
規程＆
マニュアル管理

財務会計の仕事① 年間スケジュール

経理の仕事を1年のスパンで見るとき、一番の行事となるのが**年次決算**です。今は、パソコンで日々の記帳をしているので、入力作業の負担は減りましたが、**会計基準や税法は年々複雑になって作成する書類も増えています**。決算書は**株主総会**で報告して承認を得てから**税務申告**という流れになります。

なお、株主総会の前に、決算書が適正であることを証明してもらうために**会計監査**が実施されます。法律で定められた監査には、会社法による監査と金融商品取引法による監査があります。会社法による監査には**監査役や監査委員会による業務監査**と**会計監査**、**会計監査人による会計監査**があります。これに加えて、**上場している会社は、金融商品取引法に基づいて監査法人の監査を受けなければなりません**。監査のときは経理部員が立会います。

税務申告も、利益の出ている会社は、年に1回だけでなく、中期をすぎたら、**予定納税***や**中間申告**をします。税務署や国税局の税務調査がある場合は、経理部員も立ち会います。

管理会計では決算の3カ月前ぐらいから、来期の**予算編成**という作業をし、決算までに来期の予算を作成します。

＊予定納税……前年度の税額の2分の1を中間で納税する制度

財務会計の仕事② 仕訳伝票の入力

財務会計の毎日の仕事で、メインになってくるのは、仕訳伝票など、各種会計情報の入力作業です。会社で発生した取引は、経理部にデータが集められ、集計されて各部門や会社全体での財政状態や経営成績が把握されます。この集計の方法は、**複式簿記**の仕組みを使い、取引の最小単位である**仕訳**を伝票に書き込み、この伝票に記載される**勘定**を積み上げていきます。

勘定というのは会社の**資産**、**負債**、**資本**、**収益**、**費用**をより細かく分類したものです。たとえば、資産は、**現金**、**預金**、**売掛金**、**商品**などに、負債は、**買掛金**、**借入金**、**支払手形**などに分けられます。

最終目的である決算書は、勘定を積み上げたものですので、最初の入力段階でミスがあっては、間違った数字を社内外に発表することになってしまいます。伝票を入力するときには、慎重さと厳しいチェックが必要です。

伝票に書かれた仕訳は、ただ取引が発生した日や勘定、金額、取引内容などを並べたものなので、次段階で、これらの仕訳を**総勘定元帳**という新たな帳簿に整理します。簿記検定では、この作業を「転記」と呼びますが、ほとんどの会社が使っている会計ソフトが、「転記」を自動的にやってくれます。

総勘定元帳から決算書が作成され、公開されます。総勘定元帳は、決算書が作成されれば用済みなのかというと、そうではありません。**会社は総勘定元帳を最低10年間保存する義務**を負います。

財務会計の仕事③ 補助簿の作成

勘定の中でも、重要な勘定には「**補助簿**」を作成します。補助簿は、相手先ごとに残高を把握することができます。たとえば、売掛金に関する補助簿として「**得意先元帳**」があり、買掛金の補助簿は「**仕入先元帳**」と呼ばれています。

どの勘定科目に補助簿を設けるかは、会社ごとに違いますが、通常は取引残高の多い勘定科目に補助簿が設けられます。取引の相手先を数字で表した「コード」がつけられ、伝票入力の際にも使用します。入力の手間が増えますが、相手先に対して不明な支出がないかなどをチェックできますし、**税務申告書**を作成したり、会計監査を受けるときの作業が軽減できます。

財務会計の仕事④ 仕訳伝票の作成

会社が取引をしたら、そのつどきちんと仕訳伝票を作成するのが基本です。仕訳というのは、取引を複式簿記の仕組みを使って、勘定を「**借方**」と「**貸方**」に分けていく作業です。

仕訳は、所定の伝票に書き分けていきます。伝票には「**出金伝票**」、「**入金伝票**」、「**振替伝票**」の3種

《仕訳伝票の例》

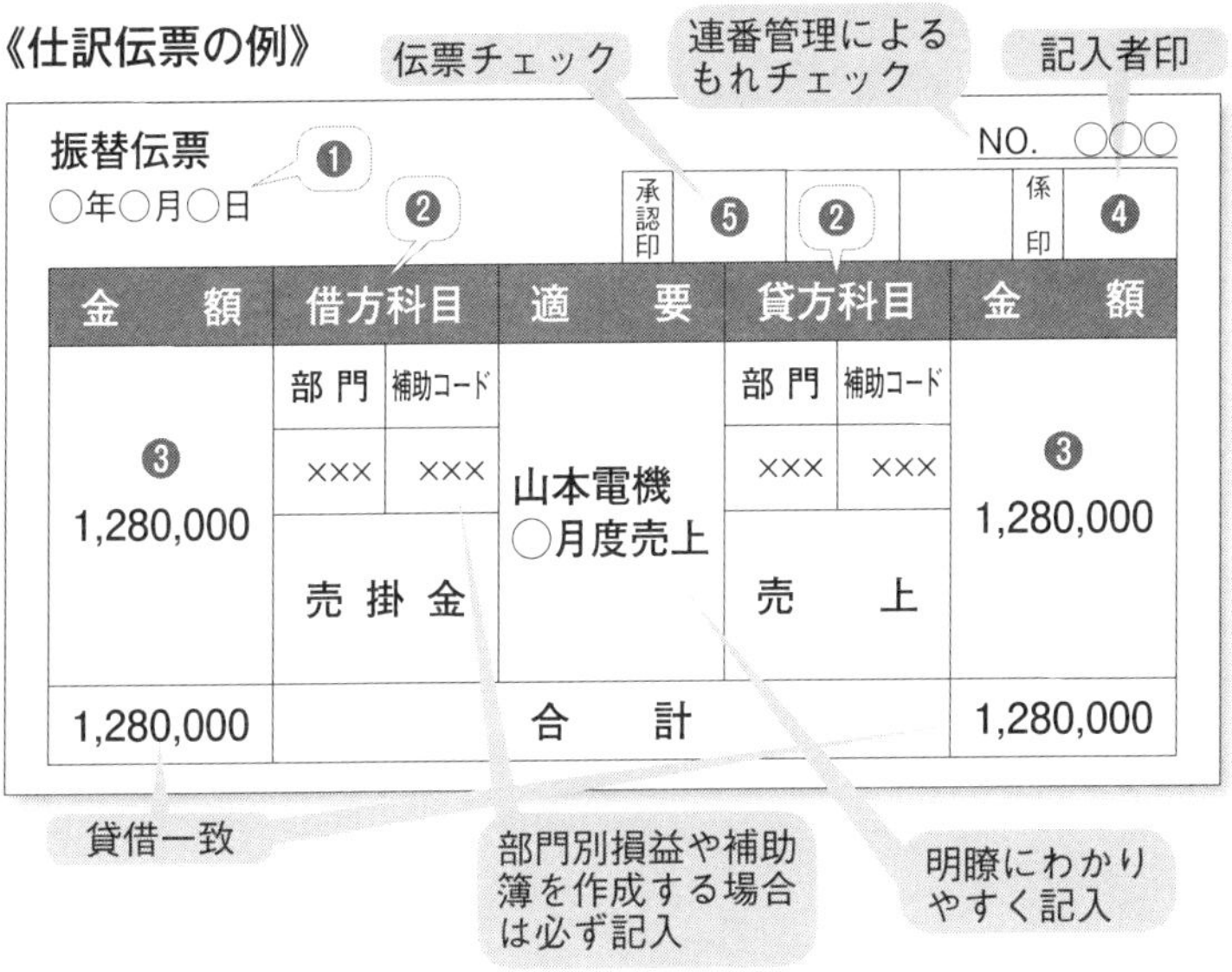

《仕訳と伝票》

● 仕訳とは……

取引を行う場合、複式簿記の仕組みを使って勘定を「**借方**」と「**貸方**」に分け、伝票にすることこと。

- 出金伝票
- 入金伝票
- 振替伝票
- 売上伝票
- 仕入伝票

● 伝票に記載するもの

❶取引日
❷借方・貸方の勘定科目
❸金額
❹作成者印
❺伝票承認印

類があります。会社の規模や業種によって、そのほか「売上伝票」、「仕入伝票」がある場合もあります。

仕訳伝票には、**❶取引日** **❷借方・貸方の勘定科目** **❸金額** **❹作成者印** **❺伝票承認印**などが記載されます。

このような仕訳を可能にするには、会社のすべての取引が経理部に報告されていなければなりません。新しい取引先との取引や新規事業を開始する場合は、経理部に報告される情報が不十分な場合があります。報告様式をどうするのか、誰がいつまでに情報をあげるのかなどの取り決めを事前にしておかないと、経理の業務が混乱する原因になりますので、注意が必要です。

財務会計の仕事⑤ 1カ月単位の作業

1カ月単位で行う財務会計の仕事のひとつに**帳簿の締め作業**があります。一般的に、支払いや請求書の作成を月単位で行うため、帳簿を1カ月で区切って締めます。締め日は、「末日締め」や「20日締め」のように、会社によって違います。

帳簿を締める期日になると、取引先ごとに1カ月分の納品書を集計し、請求書を作成します。取引先はこの請求書に合わせて入金してくるので、この作業が遅れると、入金が遅れて会社の資金繰りに影響が出ることにもなるため、請求書の作成は、期限厳守の作業となります。

取引先への支払いは、締め日後およそ1カ月後が一般的です。「末日締め翌25日払い」や「末日締め翌末日払い」などのように、支払日は1カ月に1回と決まっています。場合によっては1カ月2回の会社もあります。

支払い方法は、銀行振込みが一般的ですが、支払手形や小切手で支払うときもあります。銀行振り込みは、銀行とインターネットでつながって口座の資金移動ができる「インターネットバンキング」が一般的に使われています。

《経理部の月間基本作業①》

(1) 帳簿の締切作業

●1カ月単位で請求書の作成や支払いを行う

→「末日締め」「20日締め」など会社ごとに決まっている

(2) 請求書の発行

●取引先ごとに作成し、発送

●取引先の締め日（末日、20日など）に必ず間に合わせる

＊請求書の発行は営業部で行う会社もある

(3) 支払業務

●取引先への支払い ➡ およそ締め日1カ月以内

→「末日締め翌25日払い」「末日締め翌末日払い」など

●支払い方法

➡ 銀行振込、支払手形、小切手など

→インターネットバンキングが一般的

《経理部の月間基本作業②》

月次決算書の作成

- 月次試算表をもとに月次決算書を作成
- 部門別・製品別に集計
  現状分析から次の行動へ

資金収支の予測

- 入金の予定表
  相手先ごとに入金日が異なることに留意
- 支払いの予定表
  一般定時払い＋季節的な支払い（納税・賞与）

財務会計の仕事⑥

月次決算書の作成

1カ月の経営活動がどのようになされたのかを知り、今後の意思決定の参考にするため、「**月次決算書**」が作成されます。月次決算書の作成のために、まず「**月次試算表**」が作成されます。月次試算表は、総勘定元帳に記載される勘定残高を集計して作成されます。

作成にあたっては、仕訳伝票がもれなく記載されているか、支払い漏れがないか、入金漏れがないかなどをチェックします。

月次決算は、あくまで今後の経営に活かすための資料です。経営のトップなどといった利用者が理解しやすいように加工し、タイムリーに提供することが大切です。

帳簿を締めれば、翌月の支払いや給料の支払額が確定でき、また、売掛金の回収額や、納税額などを組み合わせて、「**資金繰計画表**」を作成することができます。次月の資金収支を予測して、資金が不足する場合は早めに資金を手当てします。

《会計帳簿》

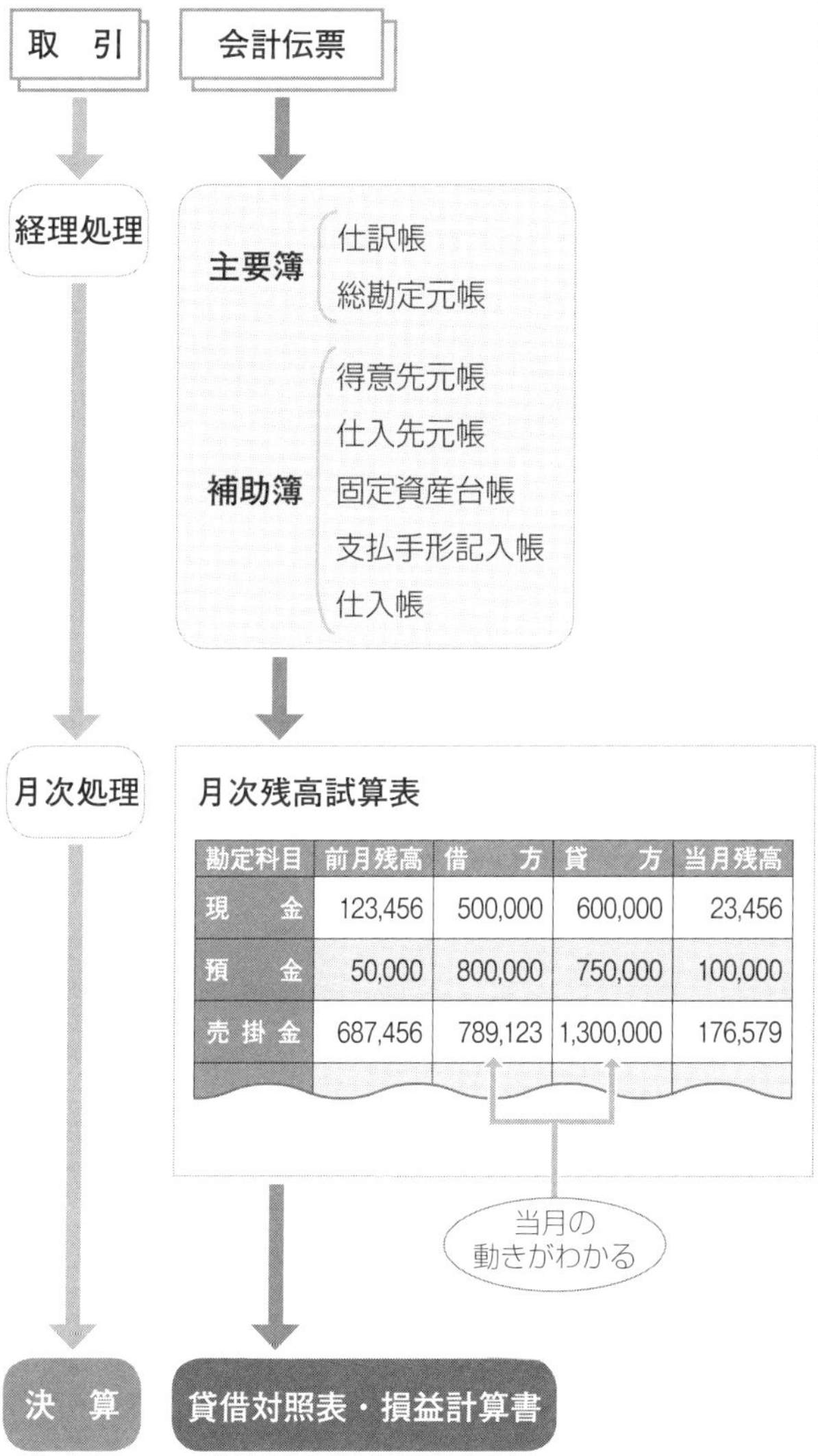

勘定科目	前月残高	借　方	貸　方	当月残高
現　金	123,456	500,000	600,000	23,456
預　金	50,000	800,000	750,000	100,000
売掛金	687,456	789,123	1,300,000	176,579

《月次損益報告（月次決算書）の形式〈例〉》

事業損益

〈全社〉

（単位：百万円）

	実　績	計　画		前　年		
			事計差		前年差	前年比
売上高						
価格差異 数量差異 為替差異						
変動費①＋②＋③ （率）						
①標準直接費 （率）						
素材費 （率）						
外注加工費 （率）						
仕入 （率）						
標準限界利益						
②直接費差異						
コストダウン 為替差異						
③荷発費						
限界利益 （率）						
固定費計						
人件費計						
販売人件費 生産人件費 開発人件費 本社人件費						
経費						
販売経費 生産経費 開発経費 本社経費 減価償却費(P/L) 減価償却費(C/R)						
在庫差						
営業利益 （率）						

《資金繰り表（一部制）と関連資料》

資金繰り表

		4月	5月	関連資料
前月繰越				現金残高表 当座預金照合表 普通預金通帳
収入	現金売上			
	売掛金入金			売掛金管理表
	受取手形入金			受取手形明細
	（売上入金計）			
	手形割引			割引手形明細
	借入金			
	雑収入			
	その他入金			
	計			
支出	現金仕入			
	買掛支払			買掛金管理表
	支払手形決算			支払手形明細
	（仕入支払計）			
	給与支払			給与計算明細
	定時払経費			未払金管理表
	一般経費支払			
	源泉所得税納付			源泉微収簿
	借入金返済			借入返済明細
	支払利息			借入返済明細
	税金支払			申告書 予定納税明細書
	その他支出			
	計			
翌月繰越				

財務会計の仕事⑦

会計方針と経理基準

会社が採用した会計方針は、会社法上、決算書書類の注記表に記載することになっています。たとえば、**棚卸資産の評価方法**は、重要な会計方針にかかわる事項に記載されます。

一度選択した会計方針は、正当な理由がない限り変更することはできません。決算があるたびに、会計基準を会社に都合よく変更しては、損益計算に影響してしまい、投資家などの利害関係者を混乱させてしまうからです。また、正当な理由で会計方針を変更した場合には、「会計方針変更の旨」、「変更した理由」、「変更前の方針で処理したときと比較した影響額」について、注記表に記載が必要です。また、表示方法を変更したときも、その内容を記載します。

会計方針の一例として、棚卸資産の処理方法があります。棚卸資産は、評価基準や評価方法が複数あり、会社は、あらかじめこれらの中からひとつを選択しておく必要があります。

《評価基準》

❶**原価法**……取得したときの単価を使う方法

❷**低価法**……取得したときの単価（原価）と決算のときの単価（時価）を比較してどちらか低い単価を使う方法

《評価方法》

❶総平均法……仕入高の合計金額を仕入数量の合計で除した平均単価を払出単価にする方法

❷移動平均法……仕入のつど、その仕入数量と仕入金額を仕入の前の在庫数量と在庫金額に加えて合計の金額を合計の数量で除して払出単価を計算する方法

❸先入先出法……先に仕入れたものから先に払い出されると仮定して払出単価を計算する方法

❹最終仕入原価法……決算日に最も近いときの仕入単価を期末の在庫単価と仮定し計算する方法

そのほか、会社に選択肢がある会計方針としては、「**有価証券の評価基準及び評価方法**」、「**固定資産の減価償却の方法**」、「**繰延資産の処理方法**」などが挙げられます。

《会社が採用する会計方針》

❶有価証券の評価基準及び評価方法
❷デリバティブ等の評価基準及び評価方法
❸棚卸資産の評価基準及び評価方法
❹固定資産の減価償却の方法
❺繰延資産の処理方法
❻外貨建資産負債の換算基準
❼引当金の計上方法
❽リース取引の処理方法
❾ヘッジ会計の方法
❿その他重要な事項（消費税）

財務会計の仕事⑧　原価計算

製造業の会社の場合、決算書を作成するために**期末の製品や仕掛品[*]の原価**を確定しなければなりません。そのために製造原価を集計して、製品や仕掛品の一単位あたりの原価を計算することになります。

原価計算は、決算書を作成するためだけでなく、**予算管理**、**原価管理**、**製品売価の算定**など、経営管理のためにも行われます。原価は大きく「製造原価」と「販売費及び一般管理費」に区分されます。決算書作成のための原価計算を「**財務会計のための原価計算**」、経営管理を目的とする原価計算を「**管理会計のための原価計算**」といいます。

財務会計の製造原価の計算は、**費目別計算**、**部門別計算**、**製品別計算**の三段階で行われます。一定期間の材料費、労務費、経費を費目別に集計し（費目別計算）、次に、製造ラインなどの部門別に集計し（部門別計算）、最後に製品や製品種類ごとの原価を計算します（製品別計算）。このように計算するのは、直接製品ごとに計算できない「**製造間接費**」という費用を、それぞれの製品に配分していくためです。しかし、原価計算の実務では、このような方法はあまり使われません。**標準原価計算**といって製品ごとに標準の単価を設定し標準単価の合計額と実際の材料費、労務費、経費の合計額を調整して、製造原価を製品や仕掛品の棚卸資産と売上原価に配分して、決算書を作成することが多いです。

＊仕掛品……製造途中の製品。

《原価計算の流れ》

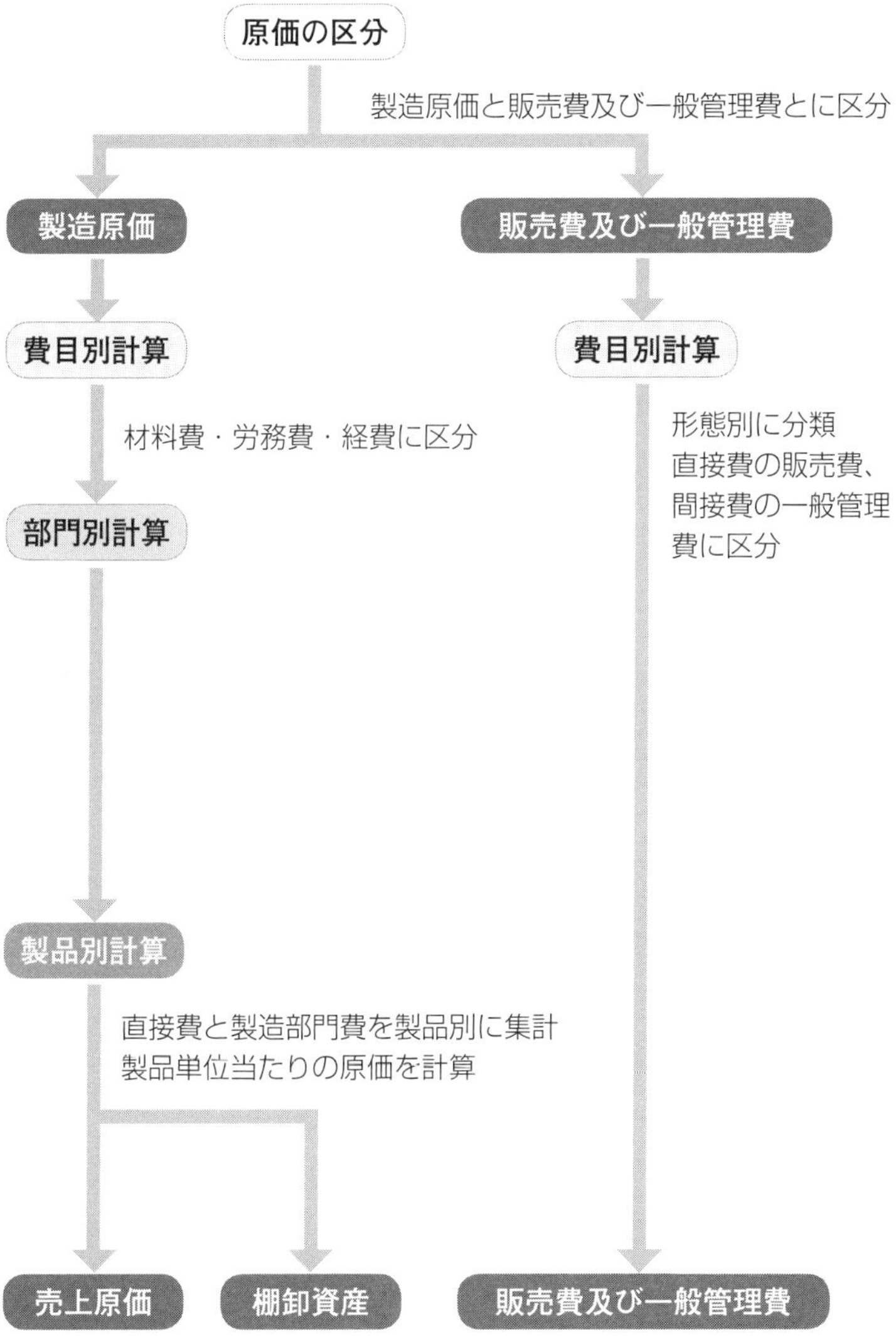
原価の区分
製造原価と販売費及び一般管理費とに区分
製造原価
販売費及び一般管理費
費目別計算
材料費・労務費・経費に区分
部門別計算
費目別計算
形態別に分類
直接費の販売費、
間接費の一般管理
費に区分
製品別計算
直接費と製造部門費を製品別に集計
製品単位当たりの原価を計算
売上原価
棚卸資産
販売費及び一般管理費

財務会計の仕事⑨ 在庫管理

製造業における、材料・仕掛品・製品、小売業における商品在庫は、会社の資産の基本をなすものです。**在庫は、現金と同じように価値があり**、不正や盗難の可能性もあるので、在庫の管理には十分気をつけなければなりません。

在庫の管理方法には、「**継続記録法**」と「**棚卸計算法**」があります。継続記録法は、在庫の出し入れをそのつど記録することで、常に在庫の残りを記録する方法です。この方法は常に在庫の量が把握できるので望ましい方法である反面、手間と費用がかかり、すべての在庫管理に用いるのは、効率が悪いという欠点があります。棚卸計算法は、常時在庫数を把握するのではなく、現物を調べて在庫の残りを計算する方法です。常に正確な在庫数を把握することはできませんが、手間をかけずに在庫数を把握できます。**重要なものは継続記録法にし、それ以外のものは、棚卸計算法にする**のが、現実的な方法です。

財務会計の仕事⑩　固定資産管理と減価償却

固定資産とは、不動産や什器備品など販売目的以外で、長期にわたって会社が保有する資産です。土地のように時間によって経済価値が減少（減価）しないものと、建物や備品のように時間の経過や利用によって価値が減少（減価）するものがあります。減価するものは**減価償却**という方法で、あらかじめ決められた利用期間内で毎期に少しずつ費用に計上していくことになります。

固定資産は、一度計上してしまうと、そのあとの管理はあまり意識されなくなることが多いものです。固定資産を処分しても現場から処分の報告がなく、資産に計上されたままになることもよくあります。定期的に現物を調査し、処分したものについては、帳簿から取り除く処理（除却）をすることが必要です。

固定資産で問題になるのは、「**資本的支出**」と「**修繕費**」の区分です。ある固定資産について改良や修繕をしたとき、その支出を固定資産に計上するか、修繕費として費用処理するかの判断が要求されます。実務では、法人税法やその通達により判断しています。

そのほか、リース契約で取得する固定資産は、「**リース会計基準**」による処理が必要です。

《固定資産管理とは》

固定資産

- **有形固定資産**……建物、構造物、機械装置、車両運搬具、工具器具備品、土地
- **無形固定資産**……借地権、営業権、ソフトウェア、特許権など知的所有権、電話加入権や漁業権など法律や契約による利用権
- **投　資　等**……子会社株式、出資金、長期貸付金など投資やその他の資産

減価償却

長期にわたり使用される固定資産について、経済的または物理的な減価を認識するため、規則的な方法で毎期の費用に計上する手続き

- **減価償却資産**……建物や営業権など減価償却をする固定資産
- **非減価償却資産**……土地や電話加入権など減価償却をしない固定資産

固定資産管理

- **帳簿管理**
  - 固定資産台帳とリース資産台帳の作成
  - 資本的支出と修繕費の区分の明確化
  - 現場視察や実地棚卸による、台帳と現物の照合
- **現物管理**
  - 財産番号シールの添付と配置図の作成
  - 稼働状況や保守管理状況の管理簿の作成
  - 遊休資産や不要資産の処分
  - 損害保険加入状況の把握

財務会計の仕事⑪　債権管理

会社が売上を計上すると、**売掛債権**が発生します。この売掛債権の管理を誤ると、会社の命運を左右することもあります。たとえば、多額の売掛債権がある得意先が倒産してしまうと、連鎖倒産してしまうこともあり、債権管理は経理部にとって重要な業務です。債権管理は次の種類があります。

❶与信管理……貸し倒れ防止のため債務者の支払い能力を定期的に調査する
❷滞留管理……支払いの遅れている売掛債権について回収の促進を図る
❸実在管理……債務者の債務と会社の債権が一致していることを確認する
❹保全管理……貸し倒れの可能性のある相手先に対して、債権を保全する

新規の取引先の場合、信用調査が必要となります。取引先の状況を知らずに信用で販売すると、貸し倒れや詐欺にあう可能性もあるからです。営業部では、売上が重視されますので、**与信管理**は後回しになりがちですが、売掛金が回収できなくなると会社に大きな損害を与えます。経理部は、営業部と共同で与信管理をすることになります。未回収の売掛債権があるときは、営業部に回収を督促したり、債権の保全手続きをしたりして、会社の財産を守るのが経理部の仕事です。

《債権管理とは》

債　権

- 売掛金や受取手形などの売掛債権
- 貸付金
- 仮払金や立替金の中で金銭で回収するもの

債権管理

与信管理　＝　貸し倒れ防止のため、債務者の支払能力を定期的に調査する

- 信用調査は、信用調査会社に依頼したり、自社独自で実施する

滞留管理　＝　支払いの遅れている債権について、回収の促進を図る

- 債権滞留表を作成し、販売部門に回収の予定や対応を検討させる

実在管理　＝　債務者の債務と会社の債権が一致していることを確認する

- 経理部から相手先の経理部などへ確認状を送付して、回答を得る

保全管理　＝　貸し倒れの可能性のある相手先について、債権を保全する

- 取引停止や担保設定を行う
- 得意先に営業保証金を差入れさせる

財務会計の仕事⑫ 外貨建て取引と為替

外国の会社と取引のある会社では、円ではなくドルなどの**外貨建て**で取引するのが通常です。外貨建て取引が発生したときの換算レートは、80ページの表のとおりです。外国為替相場は変動するので、その動向に注意を払うことが要求されます。ドル建て資産を保有している場合、円高になれば為替差損が生じ、円安になれば為替差益が生じます。ドル建て負債では、この逆になります。

通常は、**為替予約**を入れて、為替リスクを回避します。本来の為替取引とは反対の為替取引を行い、為替リスクを相殺しようとすることを**ヘッジ**と呼びます。つまりヘッジをすると、為替の変動で得をしないけれど、損もしないということになります。ヘッジをしていない外貨建て資産または負債を多額に保有している場合や、ヘッジを目的としない投機的なデリバティブ取引を行っている場合は、相場の変動によって、会社に多額の損失をもたらす可能性があります。

外貨建て取引の管理としては、ヘッジをすることが基本になります。ヘッジをしないときには、相場の変動による損失に備える必要があります。投機取引は、金融機関や投機の専門会社以外は、禁止する会社が多いようです。

ちなみに、外貨建て取引の経理処理基準に、「**外貨建取引等会計処理基準**」があります。

《外貨建て取引の会計処理》

区　分	適用レート
通貨	決算時レート
金銭債権債務	決算時レート
売買目的有価証券	決算時レート
満期保有目的債券	決算時レート
子会社・関連会社株式	取得時レート
その他有価証券	決算時レート （税務は取得時レート）

外貨建て取引の管理

ヘッジ取引　＝　外貨建て資産・負債の為替変動のリスクを回避する取引

- 保有する外貨建て資産・負債とヘッジ取引の対応表の作成
- ヘッジされていない資産・負債の状況把握とヘッジの必要性の検討

投機取引　＝　ヘッジ取引以外で差益を得るために行うリスクの高い取引

- 金融機関や投機の専門会社以外は、原則として投機取引を禁止している会社が多い
- 値洗表（当日の相場と損益の管理表）を毎日作成
- 担当者以外のチェックなど管理体制の整備

財務会計の仕事⑬　有価証券の管理

金融商品取引法に規定されている**株式、国債、社債、貸付信託受益権**などを**有価証券**といいます。会社は、資産の運用のためや、他の会社を支配するため、または、取引関係の維持のためなど、様々な目的で有価証券を保有します。

有価証券は、取得から売却までの期間にわたり、**現物を管理して時価を把握すること**が必要です。有価証券取引の経理処理基準は、時価主義会計を取り入れた「**金融商品会計基準**」が適用されます。これによると、有価証券は、保有目的によって４つ（売買目的有価証券、満期保有目的債券、子会社・関連会社株式、その他有価証券）に区分され、それぞれ時価または原価で評価することになります。時価の把握にあたっては、上場株式など市場価格のあるものは容易に評価できますが、非上場株式のように市場価格がないものは、発行会社の決算書を入手して、価値の増減を把握しておくことが重要です。

《有価証券管理とは》

●有価証券の評価

区　　分	評価基準	評価差額の計上方法
売買目的有価証券	時価	損益に計上
満期保有目的債券	償却原価	——
子会社・関連会社株式	原価	——
その他有価証券	時価あり ➡ 時価 （税務は原価法） 時価なし ➡ 原価	資本の部に直接計上

有価証券の管理

現物管理

- 預り証などの厳重保管
- 現物に取引計算書のコピーを添付して保管

時価の把握

- 株価や基準価格の情報収集
- 発行会社の決算書の入手と財務状態の把握

取引管理

- 当日の相場と損益の管理表の作成
- 投機取引では担当者以外のチェックなど管理体制の整備

など

財務会計の仕事⑭ 決算

「財務会計というより、経理部の1年の仕事で最も重要なのが**決算**です」

「毎月月次決算をくり返しているので、それをまとめればいいんですよね？」

「それはちょっと安易な考えね。月次決算をまとめるだけが、決算作業ではありません。決算調整事項という作業があります。これは財務会計でも一番難しいといわれています。気を引き締めていきましょう！」

「そ、そんなに難しいんですか？」

「なぜなら、決算調整事項は、現金や預金の取引と違って実際に確認や計算をしてみないとわからないことが多いからです。締めたあとの売上や仕入れのうち当期分を計上したり、決算日前後の売上や仕入に計上間違いがないことを確認します。また、預金の残高証明書の手配や、棚卸しをして帳簿の残数と照合する在庫の確認……などの作業が必要になってきます」

「そのほかにも、固定資産台帳の作成や減価償却費の計算があります。固定資産の実在性を確認して、減価償却費

を確定させます。つまり過去に購入した固定資産の当期分の費用を計算するわけです。逆にまだ支出していない将来の費用である引当金や、決算後の納税額も計上します。ここが一番難しいかもしれません！」

「うわーっ、大変なんですね……」

財務会計の仕事⑮　決算調整の内容

決算調整の内容で挙げられるのは、まず**減価償却費の計上**です。過去に購入した資産の当期分の費用を計上するのが減価償却費です。

逆にまだ支払いが生じていない費用であっても、「当期に支払いの原因が生じているもの」であるなら、当期に費用計上します。支払いが生じていないので、その額はきちんと合理的なものでないといけません。その代表的な費用は、「**引当金**」や「**法人税等未払金**」があります。

引当金は、「支払いは先になっても、支払理由が当期に生じているもの」です。たとえば、従業員の退職給与が挙げられます。退職給与は、従業員が退職したときに払うものですが、その費用を退職し

《決算準備と決算調整(1)》

決算準備		決算手続き・決算調整
売上・仕入・費用の計上時期の確認		
●締め後の売上や仕入で当期分を計上 ●決算日前後の売上や仕入を確認する	→	当期の損益を確定
証明書の手配		
●預金、借入金、有価証券など残高証明書を手配	→	監査対応 （第三者による証明）
在庫の確認		
●実地棚卸をして帳簿残と照合	→	資産の実在性を検証
固定資産の確認		
●固定資産台帳を作成 ●減価償却費の計算	→	資産の実在性を検証 減価償却費を確定

＊固定資産の減価償却の方法

定額法：耐用年数に応じて毎期一定額の減価償却費を計上する方法

定率法：期首の帳簿価額に一定の償却率を乗じて減価償却費を計上する方法

《決算準備と決算調整(2)》

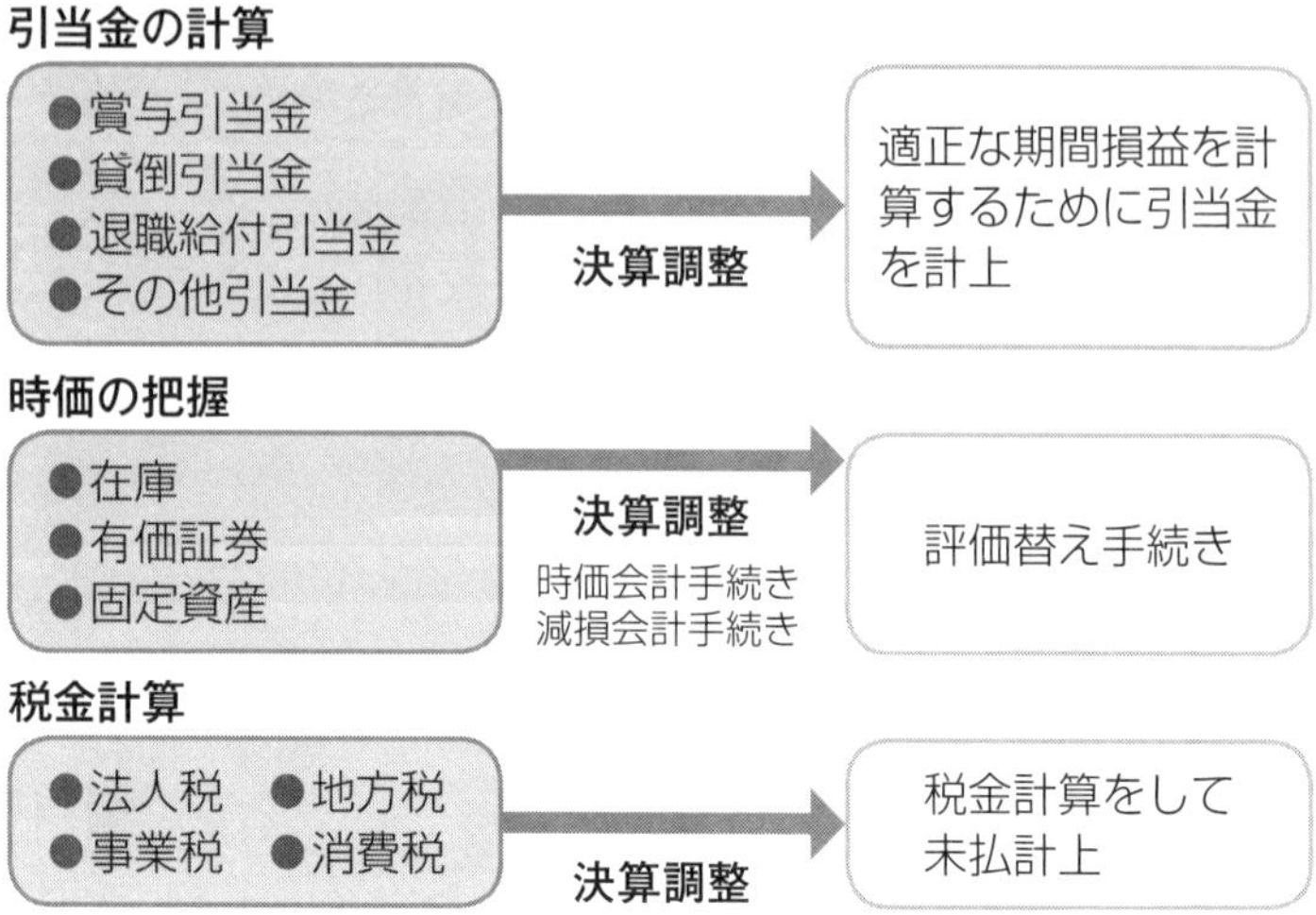

た年に一度に計上するのは合理的ではありません。「将来払うことになる退職金」のうち、「当期に働いた分」を見積もって、「退職給付引当金」という勘定科目で負債に計上します。「賞与引当金」や「貸倒引当金」も同じような理由で見積もって計上します。

「**時価評価**」も、決算調整の内容として挙げられます。時価評価とは、価格が下落した固定資産について損失を計上したり、有価証券などを現在の価値で評価し直したりすることです。以前は、取得原価で計上すればよかったのですが、最近は、「**時価評価会計**」と呼ばれる時価を優先する会計基準に変わっています。

また、法人税や事業税、都道府県民税、市町村民税などは、決算調整で未払計上が必要です。

第2章

資金業務の仕事と管理会計の概要

Story
ロミオとの語らい

いえ
桂木さんのせいでは…
それより僕の話退屈じゃないですか？
いいえっとても楽しいです
勉強になります！

管理課に配属になりました
露見です
よろしくお願いします
ついに
あの露見さんが入社してきた
パチ
パチ
露見君はハーバードでMBAを取得し
管理会計の専門家でもあります
わが社の将来は露見君にかかっていると言っても過言ではありません
ハーバードに大手商社の管理会計…
輝かしい経歴だわ
露見君頑張ってくれたまえ
この会社でも早速期待されている

また派閥争いか…
課長イライラしてる…
食事の誘いって…メールは頻繁にくるの？
はい…ずっと断っているんですけど…
えっ
ティボ…じゃなくて浜岡君が？
最近浜岡さんの私に対する態度が変わってきたような気がして…
ティボルトのヤツ…
下心が見え見えなんだから
山下さんさぁ
このメモ何なの？

は　はい
外出中に
佐藤さんから
入電です
どこの佐藤さん？
佐藤って人たくさんいるだろ
相手の所属先を
聞いといて
くれないと
は　はい
すみません
ティボルトのヤツ
山下さんに
嫌がらせ？
すみません
じゃなくて
もう入社して
３カ月
経つんだから
いつまでも
学生気分じゃ
困るよ！
……
浜岡君
そんなに
重要な相手なら
自分の携帯番号を
伝えておいたら？
山下さんを
叱るのは
筋違いよ
桂木は黙ってろよ
社会人としての
常識が足りないから
注意してやってんだよ
あんたから常識って
言葉が出てくるとは
思わなかったわ
新入社員のころ
「今日は雨なので
会社休みます」って
休んだの誰だっけ？
な　なんだよ
そんなの　今
関係ないだろ
ガタッ

おい
やめないか
くだらない
ことで
衝突して
社内の雰囲気を
悪くするなよ
…はい
あんたが
言うのか…
すみません
休憩室
私がミスを
したばっかりに
気にすること
ないわ
アイツ
嫌がらせしている
つもりなのよ
私 今ひとつ
浜岡さんのこと
というか
「資金係」って
どんなことを
するのか よく
わからなくて…

資金係か…
簡単に説明すると
資金業務は資金の流れを管理する仕事かな
決算が黒字なら資金も豊富になるわけですね？
メモメモ
あっ
それは違うのよ
資金…つまりお金は会社の中ではよく血液にたとえられるの
資金係
《資金繰り》
主な仕事
資金操作
資金調達　資金移動
債務支払　債権回収
不渡りや返済不能
資金不足を回避
お金の流れが滞ると会社に悪い影響を及ぼすことになるのね
資金繰り表
《たとえばビルを購入したとき》
通常利益と資金は一致しないの
購入！
NEW
ビル代
一時的に支出が増加
「減価償却」で話したように
1年分
1年分
1年分
P/L
費用として計上できるのは当期分だけ
ビルで資金を使っちゃった…！
支払えないっ
会社の信用低下
こんな事態は当然 避けなければいけないのよ

資金管理は次のふたつに分けられます
1）通常の営業活動に伴うもの
日常業務で必要な資金の振出や支払期日の管理
購買・外注に関する支払手形
預金の出納
小口の現金
日常の業務
調達
生産
物流
販売
受取手形
売掛債権
ファイナンス業務
新工場建設
物流体制増強
新システム採用
2）ファイナンスに関するもの
運転資金や設備資金を確保するために外部から資金調達する
銀行からの融資
このようなことを行って会社の業務に支障が出ないようにしているの
あ
桂木さん
課長が呼んでるよ

えっ
私と…ですか？
食事でもしながら打ち合わせしたいのだが…
ははい大丈夫ですが…
何か怒られるのかと思った…
でも何だろう打ち合わせって…
じつは君に特別に頼みたいことがあってな
頼みたいことですか？
ああ
管理課に露見君が新しく入ってきただろ？
ドキ

彼と親しくなって管理課の動きを調べてくれないか？
そんなこと私には無理です
このとおりだ頼む
露見さんにそんな…
君も次期経理部長のイスを
私と管理課長が争っていることは知っているはずだ
万が一あいつが部長になったら
私は間違いなくリストラされる
あいつに負けるわけにはいかないんだ
この歳でリストラされたらもうおしまいだ
家のローンも残っているし下手したら一家離散なんだよ

で でも 私じゃなくて
ほかに適任の人が いるんじゃ ないですか？
なんだったら この場で土下座 してもいい
頼む このとおりだ
か 課長 やめてください
ガタッ
ほらティ… 浜岡君とか
浜岡に こういうことは 無理だよ
それにあいつは すでに管理課に 怪しまれている
俺の人生を 救ってくれ
結局
課長の必死な 態度に
スパイの任務は 断れなかった…
そして 数日後
露見さんの 歓迎会が 開かれた

相変わらず
財務課と管理課の垣根は存在していたけど
将来の幹部候補の露見さんは
双方にとって注目の的だった
露身君
ぜひ2次会に行こうじゃないか?
あっ はい…
桂木君 露見君を案内してくれよ
えっ
我々はあとから行くから
ポーンッ
桂木君頼んだぞ
……

いつもなら別々に2次会するんですけど…
経理部内が争っている話は僕も聞いてますよ
変な会社ですよね…
同じ経理部なのに
こういうことってどこの会社でもあると思いますし
でも
協力し合えたらいいですよね
露見さんともっと話をしたい…
あの 私…
管理会計ってよくわからないんです
露見さん教えてもらってもいいですか？

桂木さんは管理会計に興味があるんですか？
はい
僕は経理の仕事って事実の集計だけをやっていればいいとは思いません
会社の問題を把握して将来の予測に役立つ情報を提供することが重要だと思っています
桂木さんのような考えの人が
これからの経理部には必要だと思います
…本当にそう思いますか？
もちろん

管理会計って
会社の将来の方向性を考える仕事なんですよね？
はい
管理会計の仕事
企業会計
財務会計
管理会計
会計情報を提供
株主 投資家 金融機関等 企業外部の利害関係者
企業内部の経営者や管理者
トップマネジメントが中心となり
経営計画を策定する際に
その意思決定に必要な会計情報を提供します
新しい計画を立てたぞ！
経営者
トップマネジメント
実行しても大丈夫かな
経営者
どうぞ
会計情報
将来動向の見極めとして
既存商品の需要予測
新規分野・未開拓地域への進出の可能性
マクロ的経済予測
規模拡大と管理機能のバランス
資金的な裏づけ
など
これらを勘案する必要があります

経営者
計画
うむむ…
現状分析
将来像
ドーン
経理部内で調べる事柄
● 実現可能性
● 資金的な裏づけ
● 損益に与える影響
● 税務上のメリット・デメリット
● タイミング
経営計画
遂行のために考慮すべき
・内部要因
・外部要因
調べました
情報
経理部としては損益に与える影響や税金に与える影響 そのほかファイナンスをどのタイミングで行うかどのような手段を選択するかなどの判断材料を提供することになるんです
ヴーヴー
やりがいのあるお仕事ですね
あっ課長からです
課長
ヴー
ちょっと出ますね
ピッ
課長？まだですか？
あっ桂木君 悪いね やっぱり解散することにしたんだ
ええっ！

例の件…頼むよ
ちら…
ふたりきりのほうがいろいろ話しやすいだろ？
……
すみません露見さん
いえ桂木さんのせいでは…
それより僕の話退屈じゃないですか？
いいえっとても楽しいです
勉強になります！
はっ
「中期経営計画の策定」について聞いてもいいですか？
あはい
会社の経営は計画的に進められます
その準備期間に経理部では
計画実行に向けての投資金額の割り出し
支出をカバーするために必要な収入
資金の調達
コスト削減率
納税額への影響
利益
メンテナンスや追加の人件費　など
これらを検討しなくてはなりません

この結果が「中期経営計画」におり込まれます
「中期経営計画の策定」手順
基本目標
経営
基本方針
マーケットの変化
経済予測
経営実態分析
市場調査
中期経営計画（案）
「中期経営計画」は3～5年先を見通す姿勢で作られていますが
1年を経過するごとに実績をもとに見直されるんです
そして「中期経営計画」を単年ベースにしたものが「年次予算」です
●予算編成の方法
経営
会社全体の目標
中期経営企画
計画策定の方針
販売部門
計画案
生産（仕入）部門
計画案
間接部門
計画案
この予算は会社全体に伝達され
部門ごとの目標が設定されます
この作業を「予算編成」といいます
「年次予算」の内容はこうですよね
●年次予算の構成
会社の経営方針
製品（商品）別売上計画
全社損益計画
資金予算
人員計画
資本的支出計画（設備・拠点など）
部門別損益計画（予算）　など
さすがです

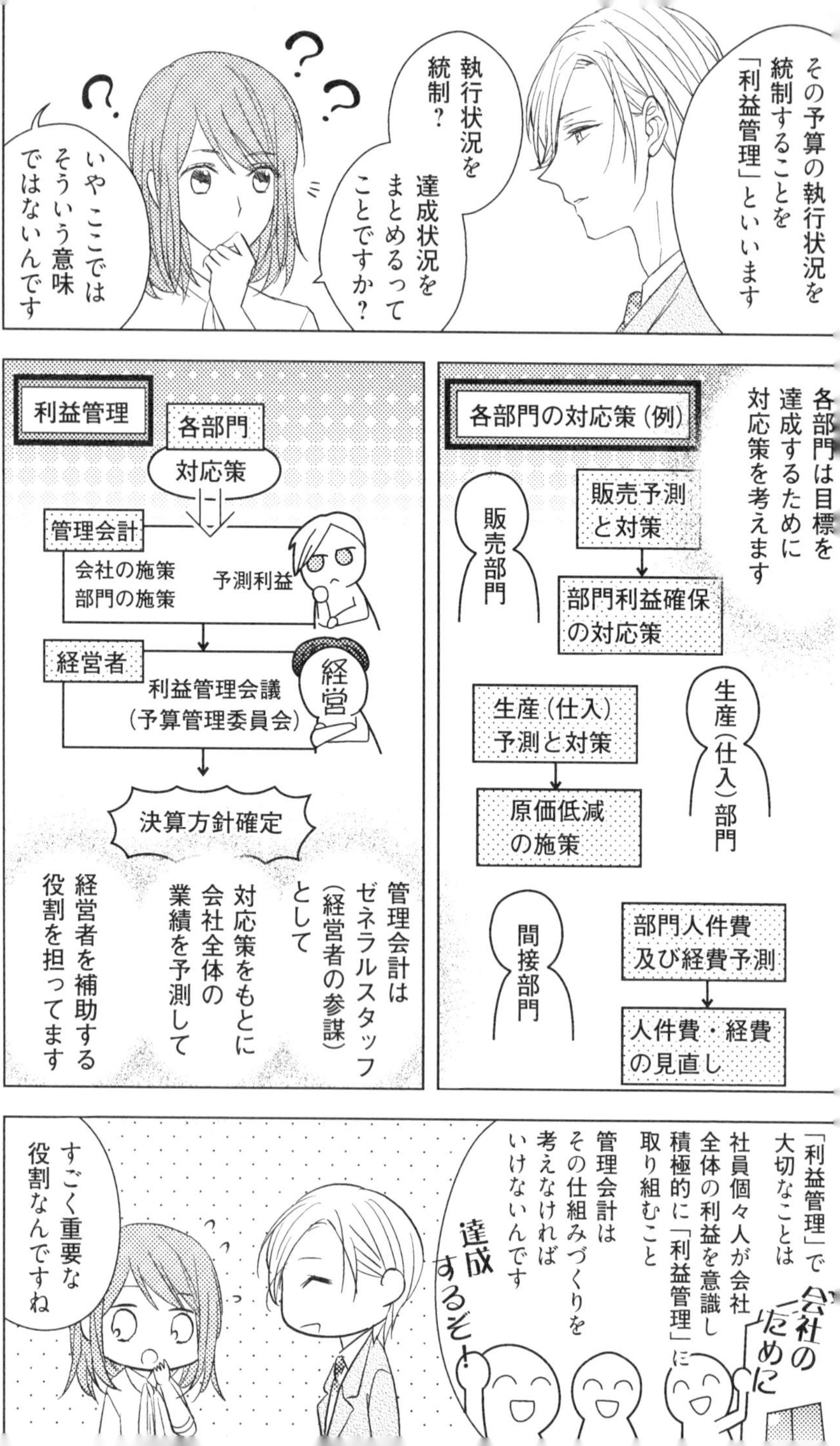
その予算の執行状況を統制することを「利益管理」といいます
執行状況を統制？
達成状況をまとめるってことですか？
いやここではそういう意味ではないんです
各部門は目標を達成するために対応策を考えます
各部門の対応策（例）
販売部門
販売予測と対策
部門利益確保の対応策
生産（仕入）部門
生産（仕入）予測と対策
原価低減の施策
間接部門
部門人件費及び経費予測
人件費・経費の見直し
利益管理
各部門
対応策
管理会計
会社の施策
部門の施策
予測利益
経営者
経営
利益管理会議（予算管理委員会）
決算方針確定
管理会計はゼネラルスタッフ（経営者の参謀）として
対応策をもとに会社全体の業績を予測して
経営者を補助する役割を担ってます
「利益管理」で大切なことは社員個々人が会社全体の利益を意識し積極的に「利益管理」に取り組むこと
管理会計はその仕組みづくりを考えなければいけないんです
会社のために
達成するぞ！
すごく重要な役割なんですね

露見さん
私 将来は自分で会社を経営するのが夢なんです
まだまだ勉強不足ですが…
素晴らしいですね
アメリカでは優秀な人はどんどん起業していくのが普通なんです
日本も近い将来そうなるかもしれませんね
カチ…
そして
社内の派閥抗争について「《キャピュレット家》と《モンタギュー家》の争いに巻き込まれそうです」
ぽー…
とブログに書いてみた…
「そんな中で《ロミオ》の存在だけが心の支えです」
とつけ加えた
ちょっと飲みすぎたかな
早くお風呂に入って寝よう…
ぱたん

資金業務の仕事

「ここからは、資金業務の仕事について説明します」

「同じ財務課の、お隣の係ですね」

「ティ……　浜岡君がいる部署です」

「はい！　お願いします」

「会社にとって、資金というのは《血液》にたとえられるの。仕入れや備品の購入などで支払いをする一方、売掛金の回収や借入金などで入金を得て、最終的にプラスの収支を得ることが会社の目的ね。つまり資金は、一カ所にとどまるのではなく、どんどん流れていくものなの」

「血液の流れが止まったら、大変なことになっちゃいますね」

「資金は、各部署の仕事が円滑にいくようにする潤滑油なの」

「浜岡さんって、重要な仕事をしていたんだなぁ……」

「資金が円滑に流れるようにするのが経理部の重要な仕事なのよ」

「私たち経理部の、人間関係も円滑になるといいですね……」

「本当にそうね……」

資金業務の仕事①　資金管理の実務

資金業務は、経理部の重要な仕事であるのは、おわかりかと思いますが、具体的にどんなことをするのか見ていきましょう。資金管理は、大きくふたつに分けられます。

●日常の資金管理に関する業務

まず、売掛金の入金が期日どおりにされているかをチェックします。支払いに関しては、口座の

《会社の資金のふたつの側面》

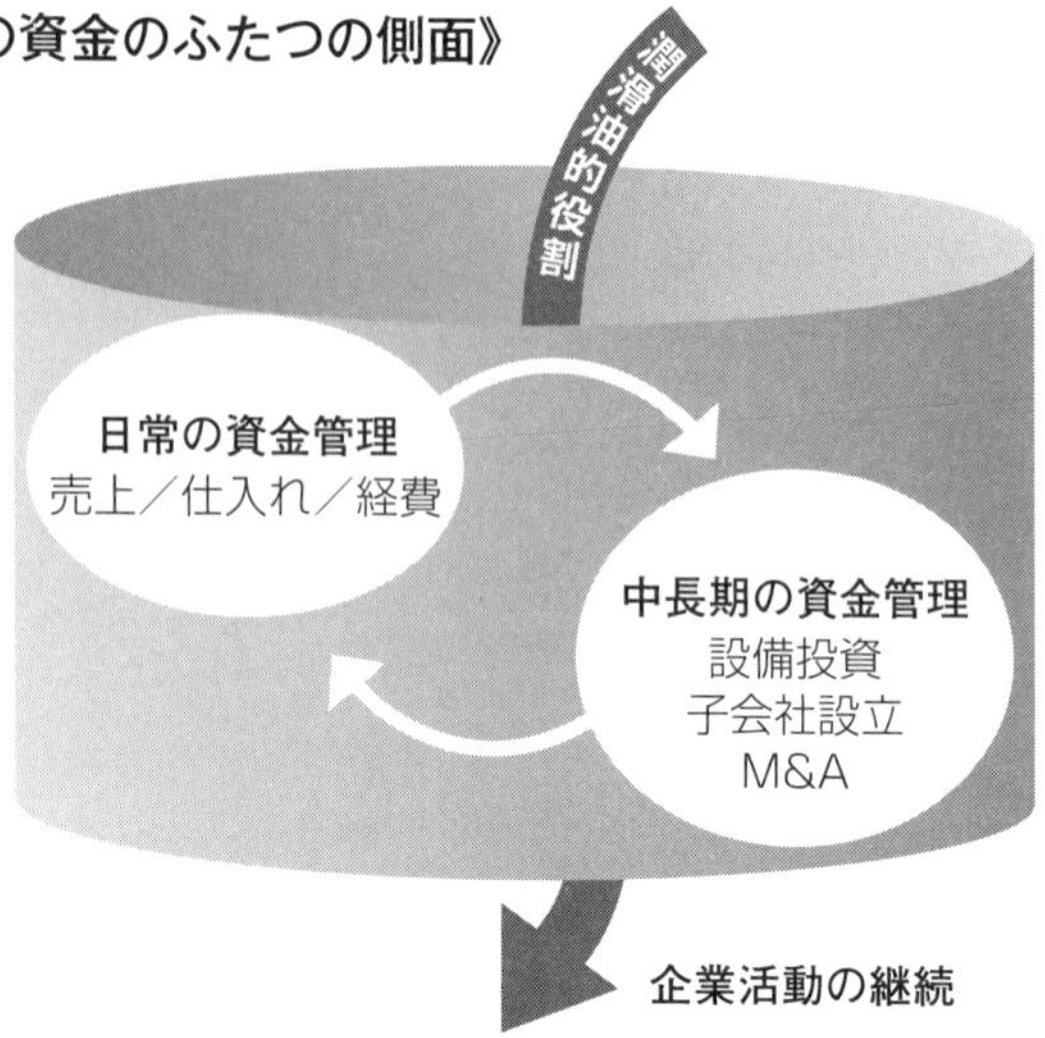

残高を気にしながら、支払手続きや支払い漏れがないかをチェックします。

●中長期の資金管理に関する業務

ボーナスの支給や納税などで、短期的に資金の不足が見込まれるときは金融機関に相談します。これらは通常3～6カ月の短期で返済となる資金です。

経営計画に基づいて、新工場の設置や子会社の設立などを行う場合は、長期借入金や増資などで資金調達を図ることも多くあります。

過剰な投資は、経営を圧迫して、会社が窮地に陥ることもあります。長期借入で資金を調達する場合、無理のない返済計画を立てることも経理部の仕事となります。

《現金出納業務のスケジュール〈例〉》

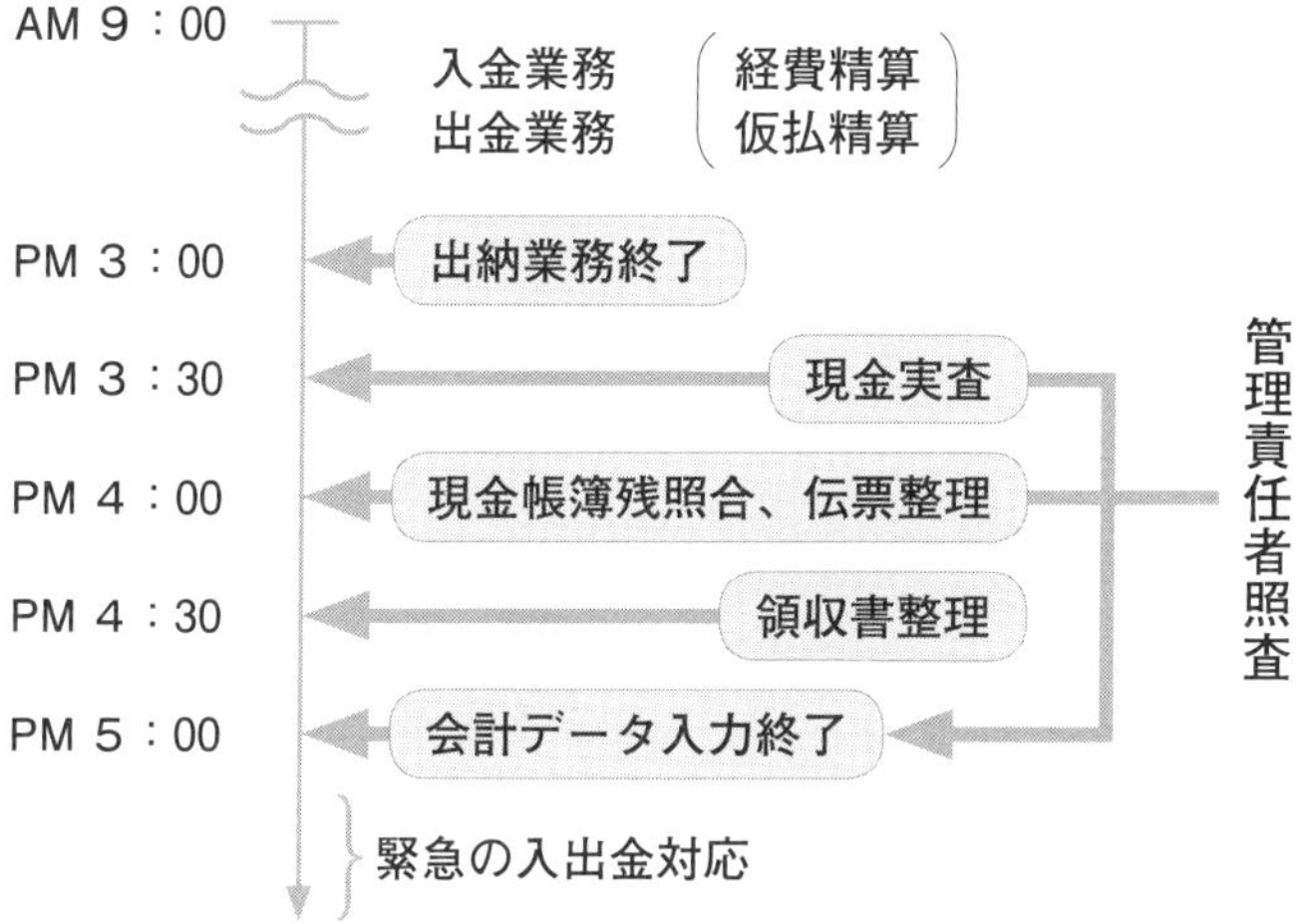

資金業務の仕事②

現金出納の実務

経理部は古くは「金庫番」とも呼ばれて、現金の管理をするイメージが強い部門でしたが金庫の現金や通帳の管理を行いながら、**日常の金銭の入金業務や出金業務をするのが出納業務**です。出納業務は、会社の他部門や取引先、金融機関などとのやり取りが多くなり、経理部の窓口的な業務なのです。

現金出納の実務には、**入金処理や出金処理、現金や預金の残高管理の業務**などがあります。

通常は、他部門の入出金の依頼者が、入金は入金伝票に記載し、出金は出金伝票に記載して、経理部に提出します。出納業務の担当者は、金額の妥当性を検証し、伝票に責任者の確認印があるかなど、社内手続きに基づいて確認し、現金の受払いを行います。毎日一定の時間に、現金の残高と現金出納帳の残高が一致することを確認し、管理者に報告します。

現金出納業務は、単純な仕事のように見えますが、不正を防止し、会計処理の監査資料を残す役割を果たします。経理の仕事の中でも、基盤となる重要な業務です。

資金業務の仕事③ 小切手、手形の実務

日本は戦後しばらくの間、資金が不足がちだったので、**小切手**や**手形**による決済が広く行われていました。しかし、現代では銀行決済が主流になり、小切手や手形はあまり見かけなくなりました。また近年では、実際の手形を用いることなく、インターネット上で手形の振り出しや割引、裏書譲渡をする電子手形に変わってきています。そうはいうものの、今でも小切手や手形を決済手段として使う会社もあり、小切手や手形の知識は必要です。

資金業務においては、受取った小切手や手形の保管や取立てに十分注意が必要なのは言うまでもありません。小切手や手形は、法律で厳しく規定されており、要件を満たしていないと、現金にすることができません。支払い金額や支払期日が空欄だったり、振出人の署名がなかったりする手形は、不完全な

手形ですので、注意してください。

小切手は、「線引き小切手」と呼ばれて、支払い先が限定されており、取引のある銀行に取立てを依頼します。受取手形は、銀行に割り引いて現金化してもらうか、取立てを依頼します。

《小切手と手形》

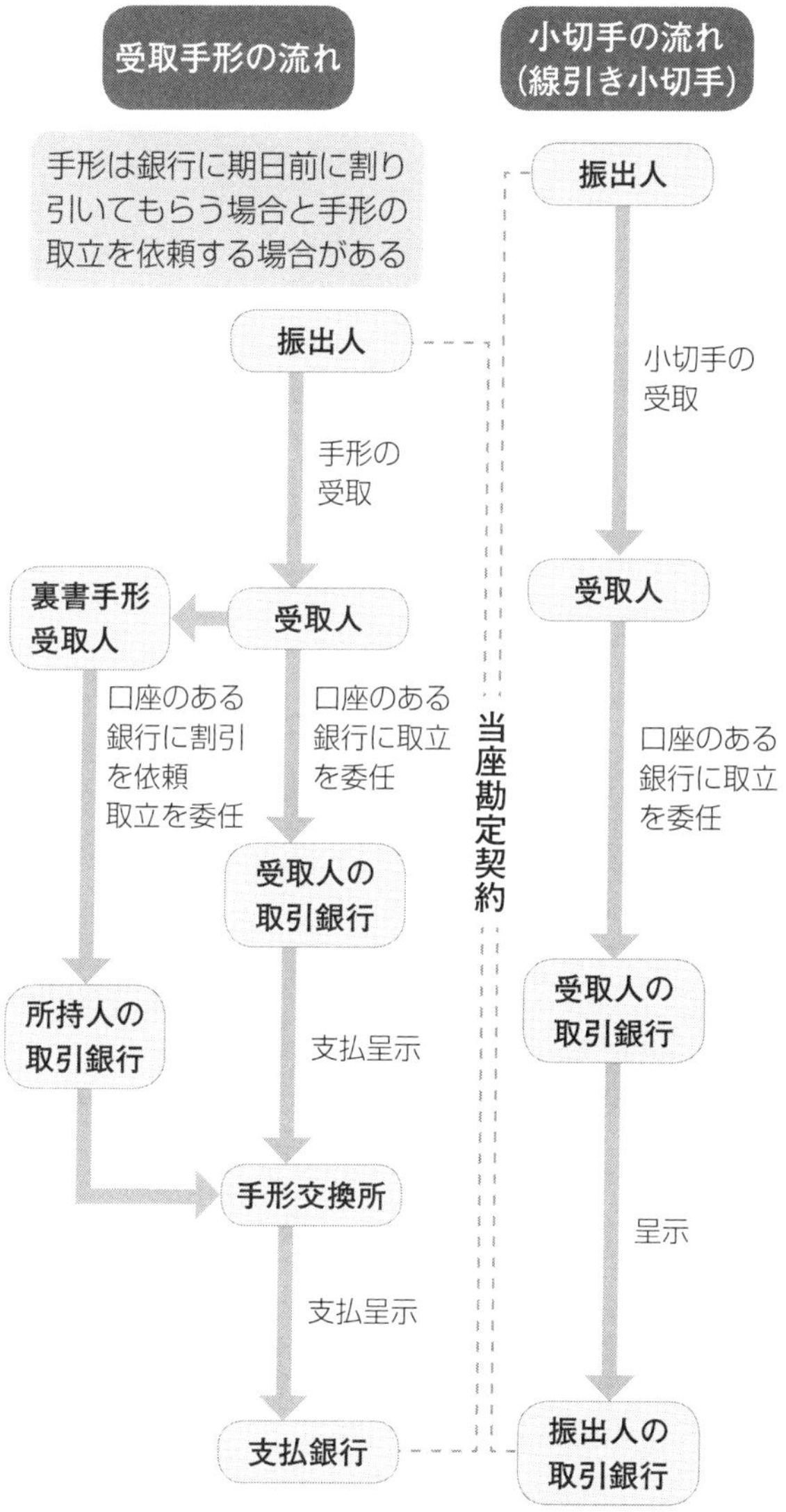

資金業務の仕事④

資金調達の実務

会社にとって**資金調達**は大事な業務です。貸借対照表の貸方（負債の部や純資産の部）を見ると、資金がどこから調達されたのかがわかります。負債の部にあるのは「**他人資本**」と呼ばれ、一定の期間がくると債権者に支払いをしなくてはなりません。純資産の部は、「**自己資本**」と呼ばれ、株主からの出資や利益が蓄積された部分です。

資金調達は、将来返さなければならない他人資本の増加（借入金や社債の発行）と、返さなくてもいい自己資本の増加（増資や利益）の２種類があります。理想的なのは、営業活動による利益の増加によって資金調達をすることです。

また、**間接金融**と**直接金融**という分け方もあります。間接金融は、銀行から資金を借りることで資金調達をすることです（詳しくは１１３ページにまとめます）。

上場していない会社などでは、自社株を買ってくれる人を探すのが困難なので、銀行などからの借入がメインになります。

直接金融は、株主や投資家から自社株や社債を買ってもらって資金調達する方法です。上場している会社は、主に直接金融によって資金を集めています。

《貸借対照表と資金調達》

貸借対照表

【資産の部】	【負債の部】
現金・預金	支払手形
受取手形	買掛金
売掛金	短期借入金
貸倒引当金	未払金
棚卸資産	払費用
前渡金	前受金
未収入金	前受収益
未収収益	仮受金
前払費用	預り金
立替金	未払法人税等
仮払金	賞与引当金
短期貸付金	未払消費税
前払費用	【流動負債合計】
【流動資産計】	社債
建物	長期借入金
建物付属設備	【固定負債合計】
構築物	【負債合計】
車両運搬具	
工具器具備品	
土地	
【有形固定資産計】	
営業権	
特許権	【純資産の部】
電話加入権	資本金
借地権	資本剰余金
【無形固定資産計】	利益剰余金
投資有価証券	自己株式　△
出資金	
保証金	【株主資本合計】
長期貸付金	
長期前払費用	【純資産合計】
【投資その他資産合計】	
【固定資産計】	
【資産合計】	【負債・純資産合計】

売上債権は早期に回収して資金を調達する（→受取手形・売掛金）

在庫は圧縮して資金を調達する（→棚卸資産）

不要な資産は売却して資金を調達する（→固定資産）

借方は資金の運用状態

負債の部は**他人資本**ともいう

社債は**直接金融**

借入は**間接金融**

純資産の部は**自己資本**ともいう

株主の出資（**直接金融**）

貸方は資金の調達源泉

資金業務の仕事⑤

そのほかの資金調達

資金調達には、銀行などからの借入以外に次のような方法があります。

❶**増　資**……会社の**資本金を増加させる方法**です。増資した資金は、長期的に安定した配当が求められますが、長期にわたって運用できるのがメリットです。株主割当による増資（株主の保有株数に応じて資金を出してもらう）や、第三者割り当てによる増資（特定の第三者に資金を出してもらう）、公募増資（不特定多数の投資家に資金を出してもらう）などの種類があります。

❷**社　債**……会社が**資金調達のために発行する債券**です。株券と異なり、借金の証文という意味合いになります。社債には、**普通社債**と**新株予約権付社債**があります。新株予約権付社債は、将来一定の金額で株式を買うことができる権利がついた社債です。ベンチャー企業などで、役員などに対して成功報酬として利用されることが多いです。

❸**保有資産の資金化**……不動産の売却など、**固定資産を売却して資金調達をしたり**、**在庫の回転率を高めたり**、**売掛金を早期に回収して資金調達したりする方法**です。外部から資金調達をせずに行います。

《資金調達の方法》

銀行借入

- **手形割引**
- **証書借入**
- **当座貸越契約**

経理実務では、日常的で大切な業務。保証人や担保が融資条件となることもある

増　資

- **株主割当**
- **第三者割当**
- **公募増資**

上場会社が、広く出資を求める公募増資が一般的

社　債

- **社債という確定利回りの有価証券（普通社債）**

期日に元本が戻される（償還）

- **「新株予約権」がついた社債（新株予約権付社債）**

新株予約権とは、将来一定の価格で株式を引き受けることができる権利

保有資産の資金化

- **売掛金の早期回収**
- **在庫の販売**
- **不動産の売却　など**

資金業務の仕事⑥

資金運用の実務

売掛金の入金や、買掛金・未払金の支払いは月末に集中します。給料も月1回の支払いが通常ですし、税金の支払いのために、納付期限までに資金を準備する必要があります。会社を運営するにあたって、必要な資金の量には、波があるのです。会社の運営に必要な資金をコントロールすることを**資金運用**と呼びます。

資金調達にはコストがかかります。借入のときは利息、増資の場合には配当を支払います。事業を続けていくには資金調達のコスト以上の運用益をあげなければなりません。

資金運用というと、株や債券などに投資して利ざやを稼ぐことをイメージするかもしれませんが、経理部の資金運用で大事なのは、**「安全」かつ「効率的」な運用**です。リスクの多い取引をして、大事な資金を失うようなことになってはいけません。

運用の形態は、貸借対照表の「資産の部」に表示されます。主な運用先を挙げると、金融資産での運用、在庫や売掛金への運転資金、固定資産への投資資金と分けることができます。事業に投資する必要のない余剰資金は、借入金の返済に充てたり、株主に還元することになります。株主への還元には、「配当」と「自己株式の取得」があります。

《貸借対照表と資金運用》

貸借対照表

	【資産の部】	【負債の部】	
現預金は利回りの低い資産	現金・預金	支払手形	
	受取手形	買掛金	
	売掛金	短期借入金	
	貸倒引当金	未払金	
一時運用の株式や債権	有価証券	未払費用	
	棚卸資産	前受金	
	前渡金	前受収益	
	未収入金	仮受金	
	未収収益	預り金	
運転資金への運用	前払費用	未払法人税等	
	立替金	賞与引当金	
	仮払金	未払消費税	
	短期貸付金	【流動負債合計】	
	払費用	社債	社債を償還
事業への投資	【流動資産計】	長期借入金	借入を返済
	建物	【固定負債合計】	
	構築物	【負債合計】	
設備不動産	車両運搬具		
	工具器具備品		
	土地		
	【有形固定資産計】		
無体財産権	営業権		
	特許権	【純資産の部】	
	電話加入権	資本金	
	借地権	資本剰余金	
M&A	【無形固定資産計】	利益剰余金	
	投資有価証券	自己株式　△	
	出資金		
金融資産への長期的投資	保証金		自己株式を取得
	長期貸付金	【株主資本合計】	
	長期前払費用		
	【投資その他資産合計】	【純資産合計】	
	【固定資産計】		
研究開発投資	開発費		
	【繰延資産計】		
	【資産合計】	【負債・純資産合計】	

解説④
第2章

管理会計の仕事の概要

「さて、次に財務課と何かと対立している管理課のお仕事にふれないと経理部の全体像が見えてこないわね。財務会計は、《過去会計》、管理会計は、《未来会計》と呼ばれています。この意味、わかりますか?」

「過去会計というのは、取引の結果を集計するからですか? 未来会計っていうのは?」

「未来会計は、過去会計とは逆のプロセスになります。たとえば、過去会計では日々の取引を記帳し、1年間の結果を決算書にまとめます。過去から現在までの取引事実をまとめることです。未来会計は、まず《経営理念》から出発します。それを具体的にどうするのかという《経営目標》を定めて、《中長期計画》を策定します。そこから、《事業計画》や《年度予算》を策定し、

それをもとに、《月別予算》、《今週の目標》、《本日の目標》という順で決めていきます。つまり、未来の目標と、

あるべき姿に近づくために、今日何をすべきか……と考えるのが管理会計なのよ」

《管理会計の基本的な流れ》

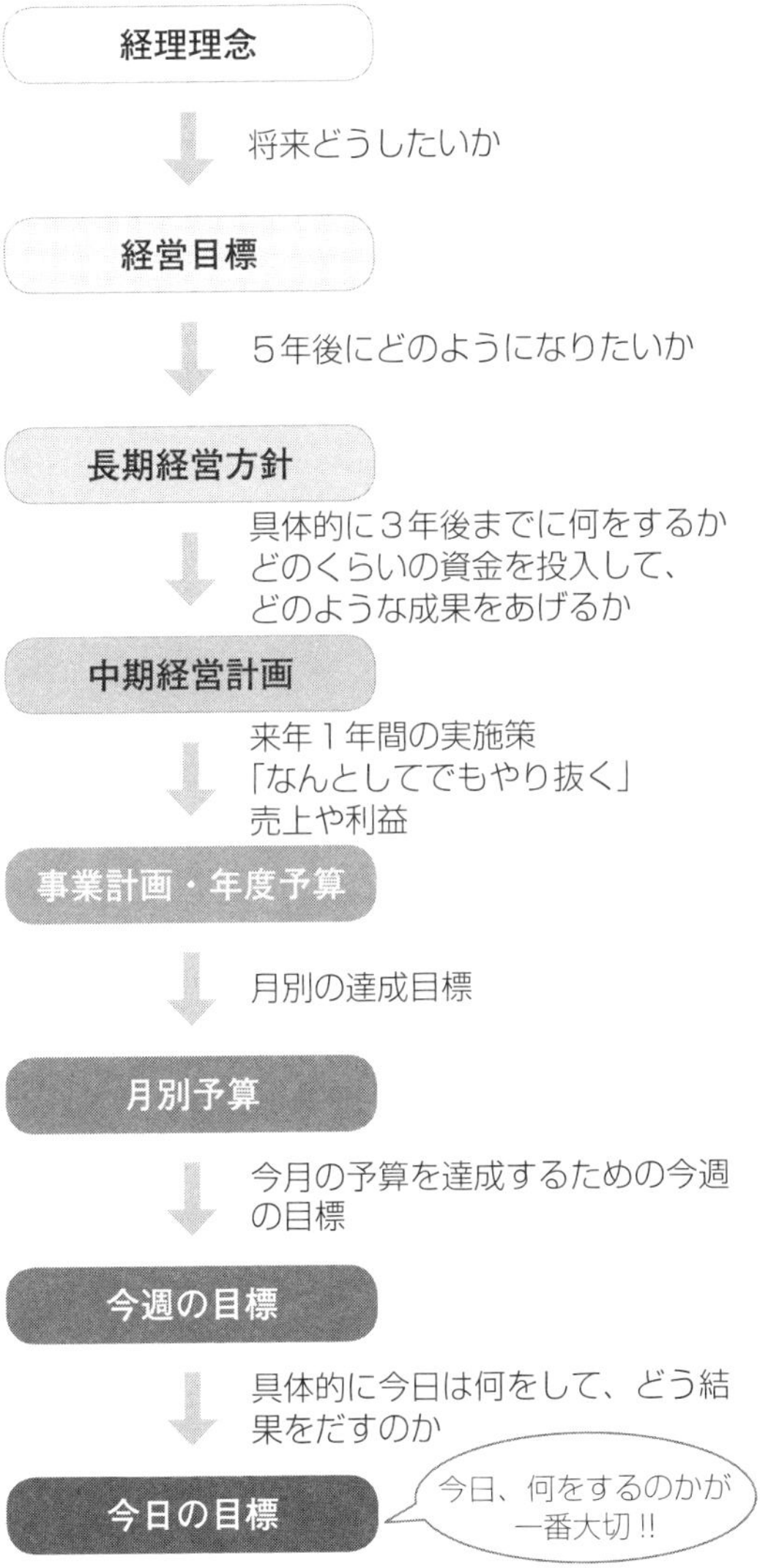

管理会計の概要①

管理会計とは？

「管理会計って、簿記の試験にも出てこないし、今までなじみがなかったんですけど、これも重要な仕事なんですよね？」

「もちろん、重要よ。管理会計は、財務会計のように法律の制限はないし、資金業務のように定型的な業務でもない。会社によって、やり方は様々なのね。中長期計画を立案するとか、予算を編成するなど、管理会計であることを知らずに行っているケースもありますよ」

「縁の下の力持ちってことですか？」

「縁の下というよりは、サッカーで言えば、会社の司令塔のような役目ね。経営トップの意思決定と直結する業務でもあるし。経理の仕事の中では、他部門との連携が必須で変化に富んだ業務と言えるわね」

「それで、管理会計課の露見さんと仲がいいんですか？」

「誤解しないで、あくまで仕事上のおつき合いです！」

この結果が
「中期経営計画」に
おり込まれます
「中期経営計画の策定」手順
基本目標
経営実態
分析
経済
予測
市場
調査
マーケットの
変化
経営
基本方針
中期経営計画（案）
「中期経営計画」は
3～5年先を
見通す姿勢で
作られていますが
1年を経過するごとに
実績をもとに
見直されるんです

▲会社が向かうべき方向性を定める羅針盤を、様々な角度から検証する。

管理会計の概要②

中長期計画の策定

中長期計画（中〈長〉期経営計画）の策定は、**通常3年から5年を1つのサイクル**としています。1年が経過するごとに、計画の見直しを行っていきます。現在は、経営環境がめまぐるしく変わっているので、年度ごとに1年の実績を見直して、事業展開や製品計画、財務体質などを、現状に合ったものに変更していくことが必須となってきました。

中長期計画は、会社のトップが策定します。部署としては、《経営企画部》のようなところが取りまとめています。では、経理部は何をするのかというと、中長期計画の数値的なとりまとめを担当します。またそれだけではなく、資産を見直して、資産効率を向上させる**総合的な財務的指針を提示する役割**が求められます。

会社の経営は、すべて計画的に行われないといけません。行きあたりばったりの経営では、会社の将来が危うくなります。たとえば、新たに新製品を開発して販売するという計画を立てるとします。そのために、新工場を建設する必要が出てきたりします。経理部では、新商品の開発にどれぐらいの投資が必要か、新工場を建設すると費用はいくらかかるか、新たに従業員を雇うと給料はいくらかかるか、など先々に予想される出費を見積もります。

そして、その予想される出費をまかなうために、どれぐらいの資金が必要なのか、その資金を回収するには、どれぐらいの収入が必要なのか、などを計画します。

もし会社でこのような設備投資の話が出たら、経理部は、どうやって資金繰りをするのか、どこから資金調達をするのか、その設備投資で利益はどのぐらい出るのか、納税額はどうなるのか、など必要な項目を試算します。

中長期計画を策定する場合は、このような**試算を盛り込んでいくことが重要**になってきます。

《中長期計画の策定手順》

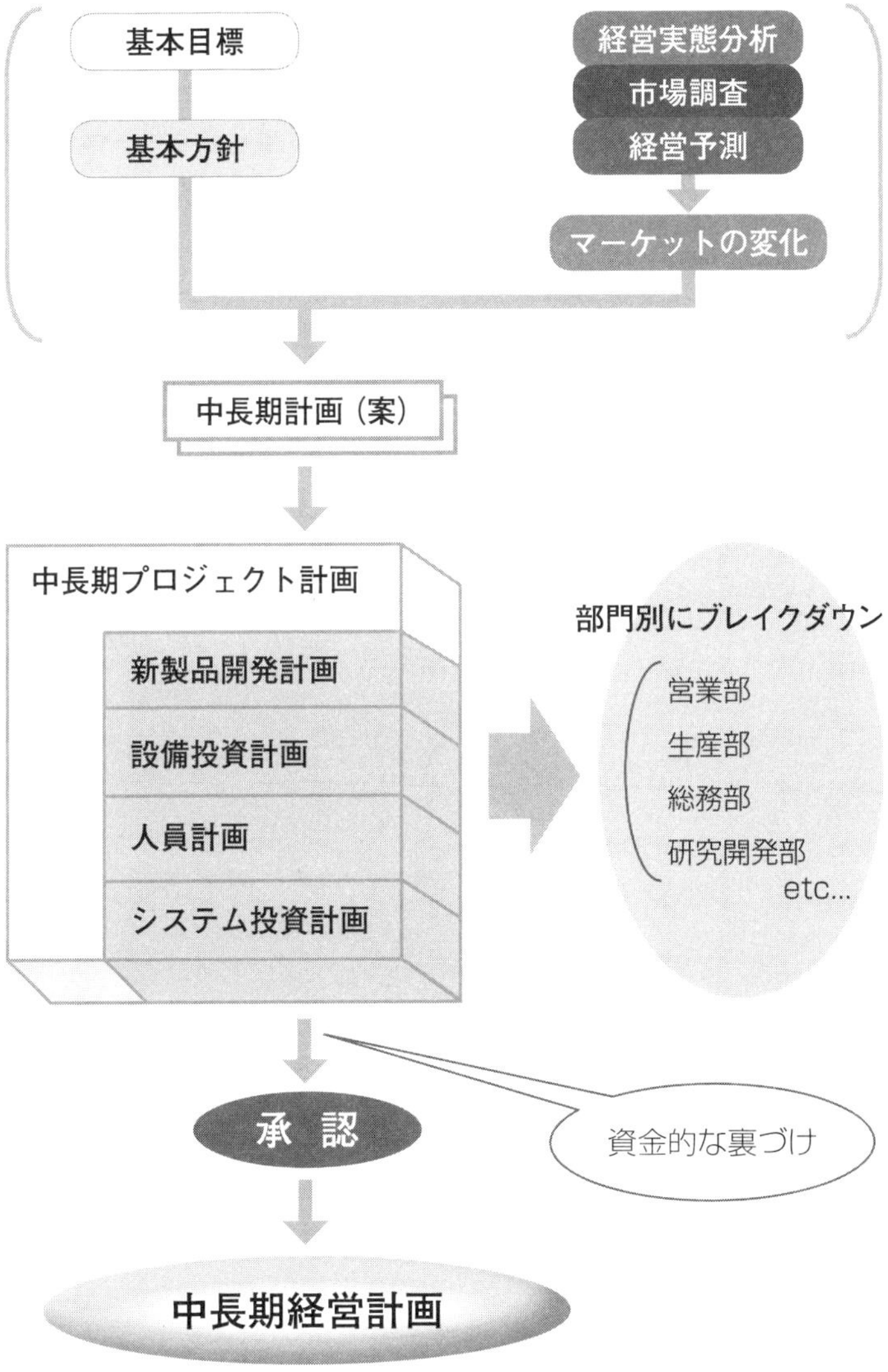
基本目標
基本方針
経営実態分析
市場調査
経営予測
マーケットの変化
中長期計画（案）
中長期プロジェクト計画
新製品開発計画
設備投資計画
人員計画
システム投資計画
部門別にブレイクダウン
営業部
生産部
総務部
研究開発部
etc...
承　認
資金的な裏づけ
中長期経営計画

予算編成

「では、次に**予算編成**ですね」

「これはわかりやすいですね。私、高校で生徒会の役員をやっていたから、毎年の予算を作るのは得意なんです」

「前年の支出をもとに次年度の予算を考えるのは楽かもしれないけど、会社の予算というのは、生徒会の予算と違いますよ」

「えっ、どう違うんですか?」

「会社の予算とは、何としてでも達成しなくてはいけない経営数値の目標です! ただ計画を立てるだけでなく、何が何でも達成すべきものなのです!」

「そ、そんなに重要だったんですね」

「予算編成は、販売部門が事業別、製品別の**売上計画と粗利計画を作成する**ところから始まります。販売計画に基づいて、製造原価の計画、組織別・費目別・プロジェクト別の経費計画、売掛債権の回収計画や、在庫回転の計画など、個別の計画を練り上げていきます」

会社の予算は、中長期計画の策定をもとに、次年度の事業計画から編成します。実際の予算編成は、すんなり行かないことが多いです。3年後の中長期計画では高い売上目標がかかげられているのに、次年度の計画（予算編成）となると、あまり売上が伸びずに経費の増加ばかりが目立つ傾向があります。これは、予算は「**必達の目標**」であり、業績評価や人事考課のもとになることに原因があります。つまり、各部門から積み上げていくボトムアップ方式では、実現可能性が重視されるため、高い目標は避けられるケースが多いからです。

そこで実務では、経営計画を基本にして会社のトップから示されるトップダウン方式と、部門からのボトムアップ方式を、調整していく必要が出てきます。これも経理部の役割のひとつです。

年間の予算は、上半期の予算と下半期の予算に落とし込まれます。さらにそこから、月別予算が割り振られます。

予算編成の作業は、3月決算の会社なら、遅くとも年が明けてすぐに取りかからなければなりません。

すごく重要な役割なんですね

《中期計画と予算編成》

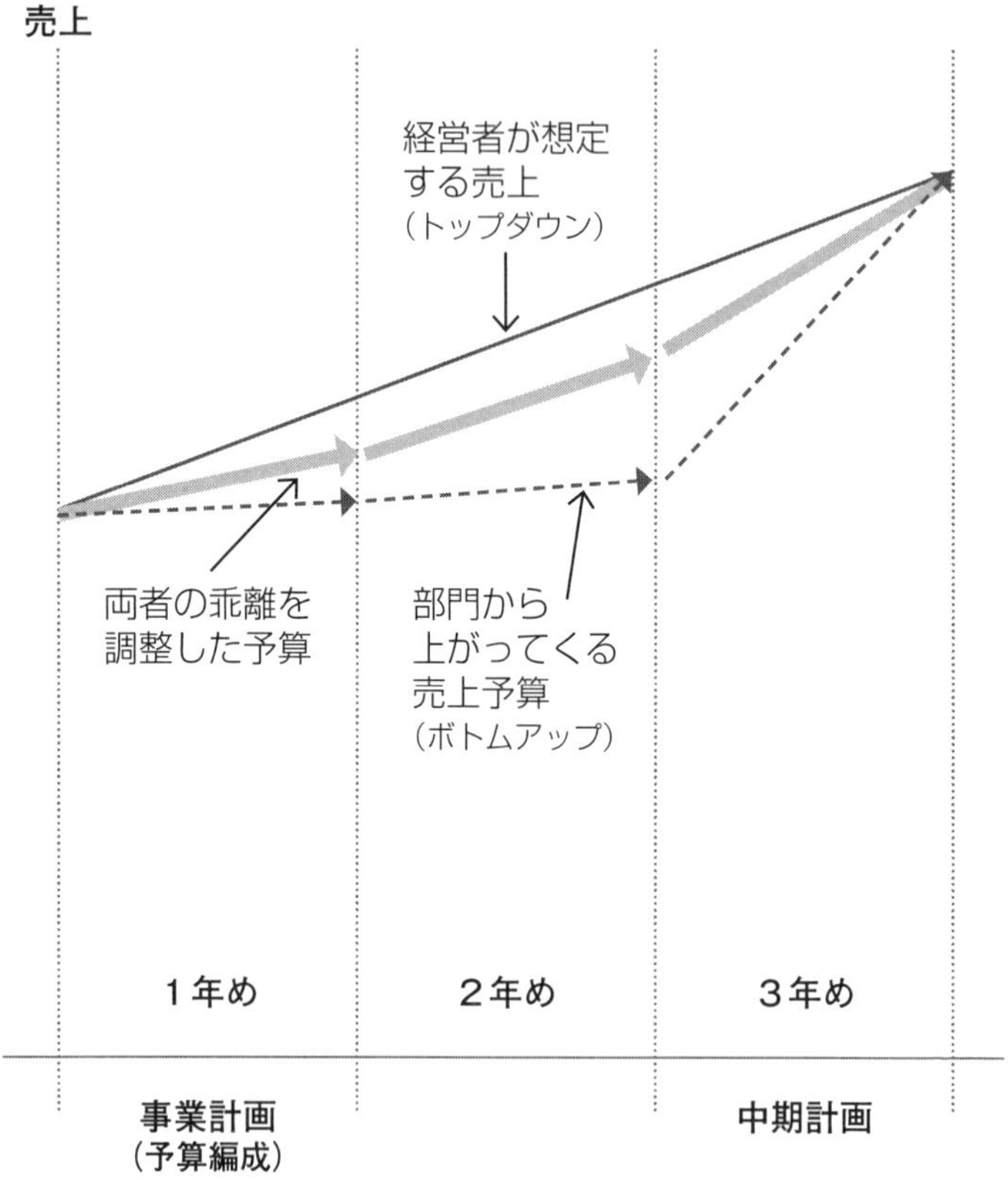
売上
経営者が想定
する売上
（トップダウン）
両者の乖離を
調整した予算
部門から
上がってくる
売上予算
（ボトムアップ）
１年め
２年め
３年め
事業計画
（予算編成）
中期計画

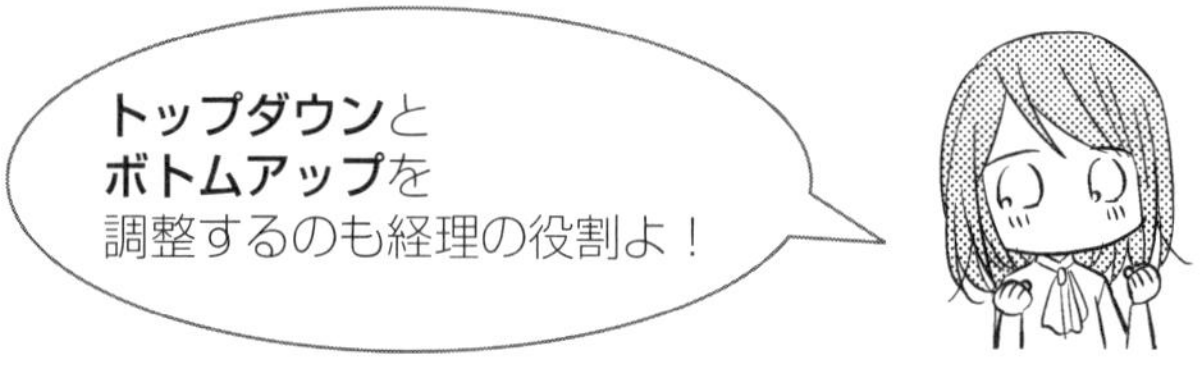
トップダウンと
ボトムアップを
調整するのも経理の役割よ！

第3章

管理会計の仕事

Story
ロミオとジュリエット

その
露見君から
桂木君を
管理課に
呼びたい
という
申し出が
あった

露見さんて
不思議な人…
私たちは
仕事の話ばかりで
プライベートなことは
何も話していないのに

この日
会議室
トントン
私は僧ローレンスこと路木部長から
会議室に呼び出されていた
失礼します
仕事中すまないね
専務までいる…
専務から話をしたほうがよいのではないでしょうか？
そうだな
先日配属になった露見君なんだが
彼には時期が来たら管理課の係長をやってもらうつもりなんだ
えっ 露見さんが係長ですか？
すごい!!
今の段階ではいつとは明言できないがね

その露見君から
桂木君を管理課に呼びたいという申し出があった
えっ私を？
露見君はかなり君に期待しているようだよ
露見さんが私を…？
ぽ
…なんか夢を見ているような気分…
桂木君そろそろ時間じゃないのかね
あはい
そうだった
こっちはこっちで…

向こうは経理部内の人事まで決めているようだ
財務課長は形勢の不利を挽回するため
これ以上専務の勝手にさせるわけにはいかない
常務を味方に引き入れていた…
ますます派閥争いが激しくなりそう…
そこで桂木さんにはその情報を調べてほしい
具体的には経理部内のコミュニケーションを促進するため
財務課代表
管理課代表
財務課の代表として露見と話し合いをしてほしい
露見さんとですか？
そうだ
そして得た情報を必ずこちらに伝えるんだよ
いえ その…
私には…
桂木さんできるね？

何よ 課長
常務が味方についた途端
偉そうな態度になっちゃって…
はぁ
どうしよう…
完全にふたつの派閥の板ばさみ…
コンコンッ
会議室
あっ はい
ガチャ
桂木さん お待たせしました
まずは お互いの業務を紹介し合うのはどうかな？
同じ経理部なのにお互いの業務を知らなすぎると思うんです
それ いいですね
私も露見さんと会う前は管理課の仕事のことあまり知りませんでした
「経営分析」や「キャッシュフロー」の業務について
教えていただけますか？
はい 任せてください

「経営分析」とは自社の現状を正しく把握することです
経営分析は大きく3つに分けられます
経営分析
① 財務諸表分析
報告書
決算書
うーん
決算書や有価証券報告書から経営状況や財務状態を分析
② 調査報告分析
調査しました
調査会社に調査を依頼してそのレポートをもとに実態を分析
③ 特殊調査分析
他社
株
他社の株を買ったり
買収調査や資本参加など本格的な調査を法務・財務の面から弁護士事務所や監査法人に調査を依頼しその結果に基づいて分析
いずれの分析も経営者の意思決定のための助言をすることが目的なんです
「限界利益」と「損益分岐点」の確認をしておくといいですよ
「損益分岐点」か…
損益分岐点
売上
利益
費用
つまり売上が損益分岐点の額を超えれば黒字でこの額を下回れば赤字
損益分岐点
損失
たしか「利益が0円時の売上高」のことね

ちなみに費用は「固定費」と「変動費」に分けられます
費用
固定費
売上高が０円でもかかる費用
（家賃・人件費など）
変動費
売上が増えれば増える費用
（材料費・仕入など）
限界利益
売上高－変動費
または
純利益＋固定費
「限界利益」というのは売上高から変動費を差し引いたものですね
キャッシュフロー
次は「キャッシュフロー」です
意味はお金の流れですね
たとえば決算書にある売掛金は実際に会社にお金が入っていなくても売上として計上されます
まだ代金もらってないけど売れた！
売上
「売掛」については「債権管理」の話で山下さんに説明したっけ
実際のお金の動きと利益とは連動していないんです
利益は意見キャッシュは事実
と言われています
現金
利益
「利益」が増えれば「現金」も増える…そう思いがちです
しかし投資の際には「利益」ではなく「現金」が必要ですよね？
設備投資します
現金じゃなきゃダメだよ
利益

「利益」は増えても投資による借金で「現金」がなくなってしまったら大変です
黒字倒産!!
たとえばタクシー事業をするとして
TAXI
GS
投資
最初に車を買いますよね
それにガソリンがないと走りません
お客様から料金をいただけるのは目的地に着いてからです
ありがとうございます!
目的地
会社の目的は「利益」を出すことですが
利益をお金で回収できるのはあとになります
事業を続けるには現金を絶やしてはいけないんです
そのために現金の量を監視するのが「キャッシュフロー」なんです
そして現金の流れを集計したものを
「キャッシュフロー計算書」といいます

簡単にいうと「会社がお金をいくら持っていてどうやって増減したか」がわかるものですね
売上なのか資産を売ったのかがわかる…
計算書
△○年3月31日
営業・投資・財務の3つの活動のキャッシュフローから構成されていて
● キャッシュフローの構成
営業キャッシュフロー
事業で稼いだお金
投資キャッシュフロー
設備投資やM＆Aなどに使ったお金
財務キャッシュフロー
借り入れや返済配当などの入出金
一般的に財務・投資はマイナス営業はプラスになっていることが望ましい状態といわれています
経営分析やキャッシュフローは財務会計とは勝手が違うのでとても新鮮です
ありがとうございます
管理課の「原価管理」と財務課の「原価計算」って名前は似ているけど違うものなんですよね？
そうだと思います
今度は僕から質問していいですか？
もちろんです

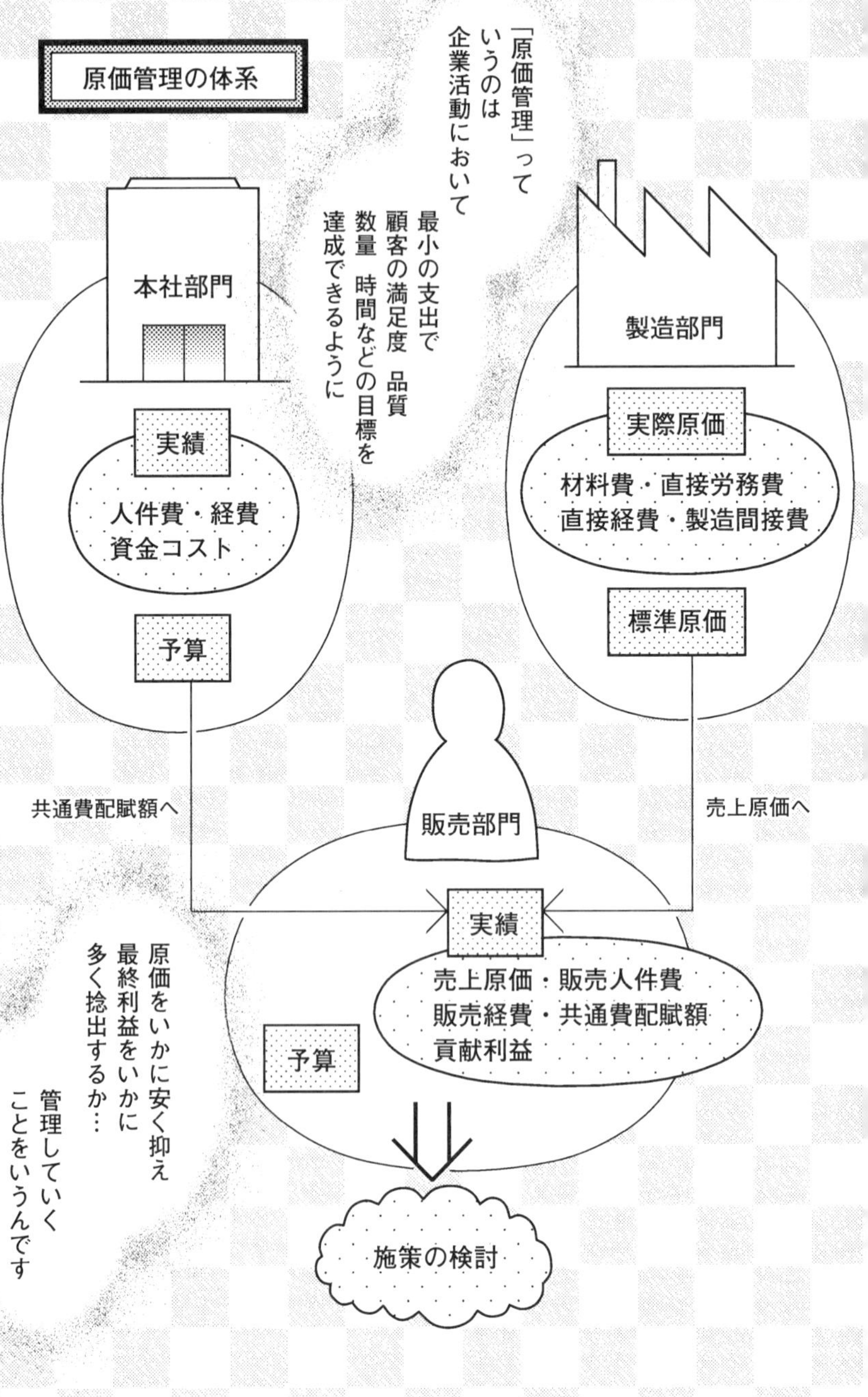
原価管理の体系
「原価管理」って
いうのは
企業活動において
最小の支出で
顧客の満足度　品質
数量　時間などの目標を
達成できるように
本社部門
実績
人件費・経費
資金コスト
予算
製造部門
実際原価
材料費・直接労務費
直接経費・製造間接費
標準原価
共通費配賦額へ
売上原価へ
販売部門
実績
売上原価・販売人件費
販売経費・共通費配賦額
貢献利益
予算
施策の検討
原価をいかに安く抑え
最終利益をいかに
多く捻出するか…
管理していく
ことをいうんです

ちなみに財務会計の「原価計算」は製品や仕掛品一単位あたりの原価を算出することをいうんです
これも「製造原価」で山下さんにちょっと話したっけ
あとは…「利益管理」は以前説明したから
「業績評価」ですかね？
「業績評価」は僕たち従業員や部門を評価する方法なんですけど働き甲斐に大きく影響します
給与体系や人事評価はずっと同じものではなく働き甲斐のある制度に変えていかなくてはならないんです
会社
従業員
「業績評価」の確立にはプロセスがあります

業績評価の体系

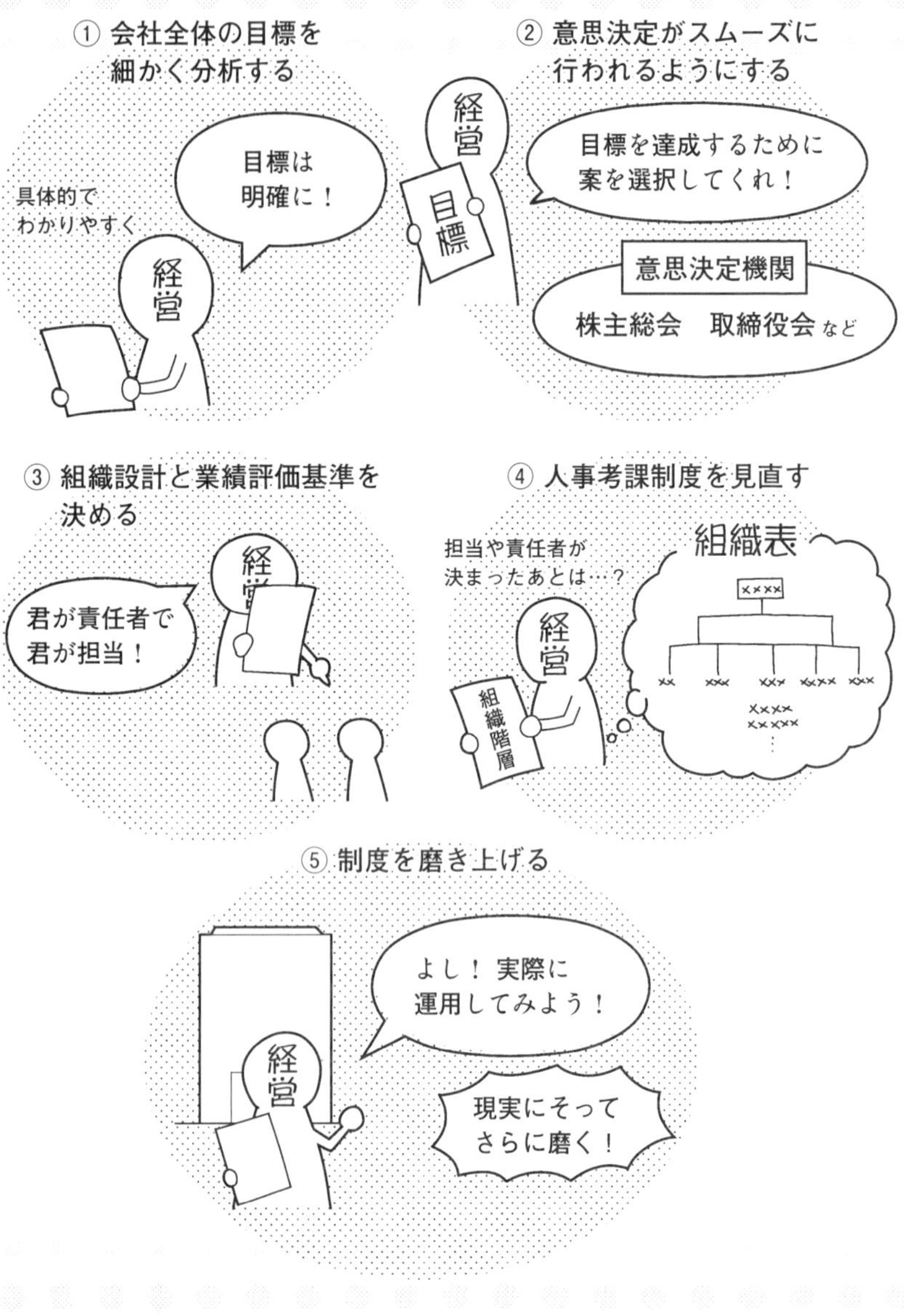
① 会社全体の目標を
細かく分析する
具体的で
わかりやすく
目標は
明確に！
経営
② 意思決定がスムーズに
行われるようにする
経営
目標
目標を達成するために
案を選択してくれ！
意思決定機関
株主総会　取締役会など
③ 組織設計と業績評価基準を
決める
君が責任者で
君が担当！
経営
④ 人事考課制度を見直す
担当や責任者が
決まったあとは…？
経営
組織階層
組織表
⑤ 制度を磨き上げる
よし！ 実際に
運用してみよう！
経営
現実にそって
さらに磨く！

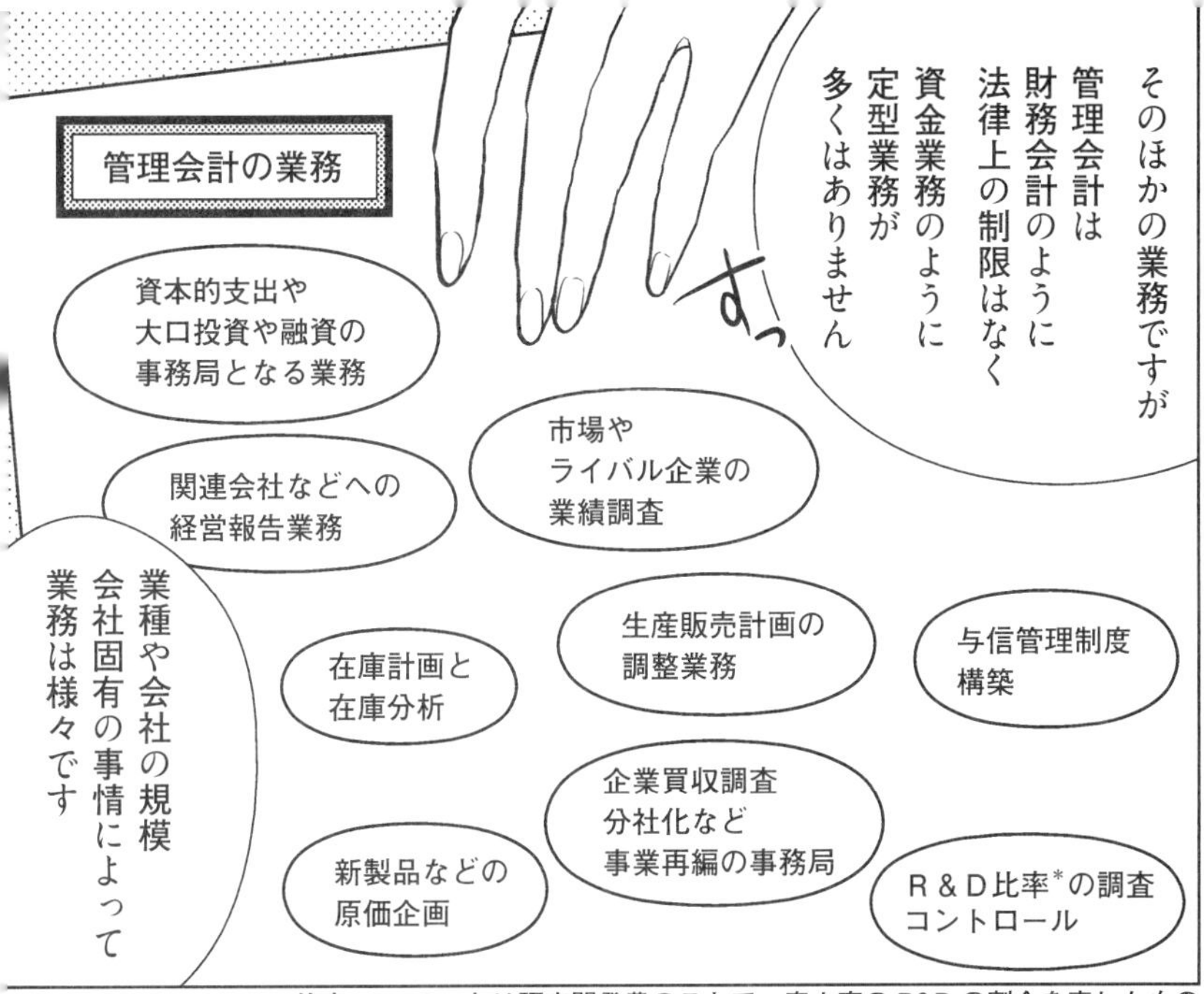
そのほかの業務ですが
管理会計は財務会計のように法律上の制限はなく資金業務のように定型業務が多くはありません
すっ
管理会計の業務
資本的支出や大口投資や融資の事務局となる業務
関連会社などへの経営報告業務
市場やライバル企業の業績調査
生産販売計画の調整業務
与信管理制度構築
在庫計画と在庫分析
企業買収調査 分社化など事業再編の事務局
新製品などの原価企画
R&D比率*の調査コントロール
業種や会社の規模 会社固有の事情によって業務は様々です

＊ R&D 比率……R&D とは研究開発費のことで、売上高の R&D の割合を表したもの

管理課は単独で行う業務は少なく企画室 人事部 生産管理部 物流部門などの他部門との共同プロジェクトが多いんです
他部門
協力！
「在庫計画」と「在庫分析」って財務会計の在庫管理とは違うんですか？
名前は似てるけど違うと思いますよ
露見さん
「在庫計画」は販売に必要な適正在庫になるように販売数量と生産数量を調整することをいいます
なるほど

ちなみに「在庫管理」って何でしたっけ？
在庫を効果的に管理するため品目ごとに在庫の数量や金額を分析することです
言葉は似ているけどやっぱり財務会計と管理会計の業務は違うんですね
露見さんと話をしていると
そうですね勉強になります
なぜか心が落ち着いてくる
あんな派閥争いなんてなくなればいいのに…
桂木さん
何か情報を聞き出せたかね？
カタ…
すみません…まだ…
…ひとつ

気になる噂を耳にしてね
桂木君は ときどき路木部長と会議室で何か話し合いをしているそうだね？
ドキ…
常務 それ本当ですか？
確かな情報だ
路木部長は完全に管理課側だ
君 まさか我々を裏切っているんじゃないだろうね？
いえ 裏切るなんて そんな
桂木さん
経理部員に必要なことって何かね？
経理部員に 必要なこと…
誠実であることです
私は君が誠実な人間であると信じている
だから君がミスしても自分から申し出たので叱らなかった

その君が管理課と内通しているというのは
それは自分自身を裏切っていることになるんじゃないのかね？
思い起こせば
課長は早くから私に重要な仕事を任せてくれた
私を信頼してくれている課長を
[redacted]年[redacted]月[redacted]日
キャピュレット家とモンタギュー家の
激しい派閥争いに巻き込まれて
気が滅入ってます
投稿する
このまま裏切り続けていいのだろうか…
はぁ
疲れた

[redacted]年[redacted]月[redacted]日
激しい派閥争いに巻き込まれて
気が滅入ってます
私はどちらも
裏切るわけには いかなくて
苦しい…
カチカチ
カチ
投稿する
私はどちらも
裏切るわけには いかなくて
苦しい…
ロミオだけが心の救い…
カチ…
公開範囲を設定
投稿する
露見さんて 不思議な人…
私たちは 仕事の話ばかりで プライベートなことは 何も話していないのに
なんだろう
お互いがわかり合えた ような気がする…
投稿する

解説⑤ 第3章

管理会計の仕事

「では、ここでは管理会計について、もう少し深く見ていきましょう」

「管理会計って、なんだかすごく面白そうに見えてきました」

「部屋に閉じこもって入力作業……という従来の経理のイメージとは違って他部門との連携を積極的に図ったり、会社の今後の計画を考えたり、会社の将来を担う仕事なのね。未来に向かって進むというイメージ、いいと思わない？」

「そうですね、後ろを向くより、前を向いていきたいです。『**未来会計**』という言葉、私好きです」

「未来を考えるためには現状の分析が大事です。経営分析の知識をはじめと

して、**限界利益**、**損益分岐点の知識**、**キャッシュフローの予測**、仕訳など簿記とは違った知識が必要となるのです」

「私にとっては、別世界の仕事のように感じます」

「恋愛をすると、今までの世界が別世界に見えるのと同じことかな」

「先輩は、恋愛してるんですか？」

「えっ……。どうかしら」

管理会計の仕事①　業務知識の体系

管理会計が未来会計と呼ばれるのは、過去の実績だけでなく、会社の強みや弱み、外部環境や内部の資源を分析した上で、将来の会社の姿をどうするのか、そのためには今何をするのか、という意思決定をうながす会計手法だからです。そのためには、どんな知識が必要になるのでしょうか？　財務会計に要求される簿記の知識だけでは、不十分なのは問うまでもありません。

管理会計における計画や統制は、会社全体や部門別など組織単位となるのが基本ですが、組織を横断した各事業の機能、社員を単位にした各グループ、あるいは、社員個人の業績まで対象となる場合があります。会計情報の単位も、金銭に関することだけでなく、販売数や生産に携わる人員の数など、多岐にわたることになります。つまり、管理会計には、マーケティング、組織人事、経営管理、経済理論など、**幅広い分野の知識が要求される**のです。

たとえば、売上原価だったら、原価計算の知識が必要になり、人件費だったら、社会保険の知識や、生産性・人事制度の知識が必要になってくるのです。また、「企業は人なり」という言葉があるように、単に知識だけをつめ込むだけでは十分ではなく、他部門との連携が大事になってきます。そのため、コミュニケーション能力を磨くのも、経理部員の大事な要素となるのです。

《管理会計に必要な知識のイメージ》

財務会計、営業分析

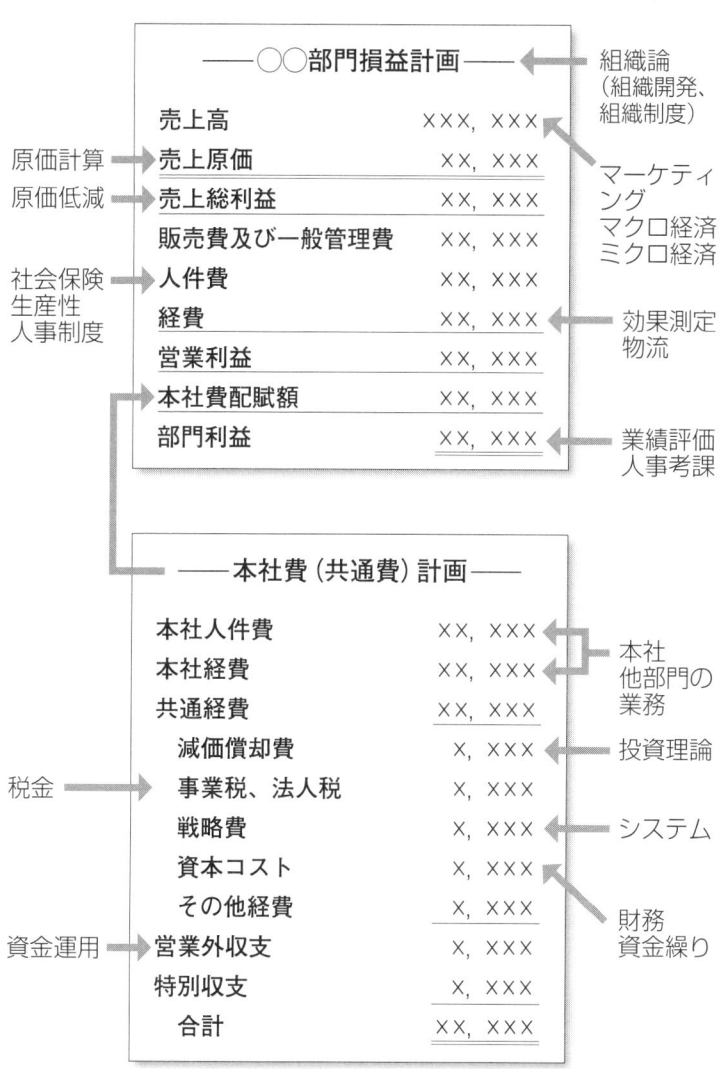

	―――○○部門損益計画―――		組織論（組織開発、組織制度）
	売上高	×××, ×××	マーケティング マクロ経済 ミクロ経済
原価計算	売上原価	××, ×××	
原価低減	売上総利益	××, ×××	
	販売費及び一般管理費	××, ×××	
社会保険 生産性 人事制度	人件費	××, ×××	
	経費	××, ×××	効果測定 物流
	営業利益	××, ×××	
（本社費（共通費）計画より）	本社費配賦額	××, ×××	
	部門利益	××, ×××	業績評価 人事考課

	―――本社費（共通費）計画―――		
	本社人件費	××, ×××	本社他部門の業務
	本社経費	××, ×××	本社他部門の業務
	共通経費	××, ×××	
	減価償却費	×, ×××	投資理論
税金	事業税、法人税	×, ×××	
	戦略費	×, ×××	システム
	資本コスト	×, ×××	財務 資金繰り
	その他経費	×, ×××	
資金運用	営業外収支	×, ×××	
	特別収支	×, ×××	
	合計	××, ×××	

管理会計の仕事②　経営分析

会社のトップが様々な判断をするときに重要になってくるのは、**今、会社がどのような状況なのか**を十分に把握することです。現状を知るには、外部環境や業界の動向、同業他社の動向など、様々な角度からの分析が必要になってきます。

経営分析は、自社の現状を正しく把握することから始まります。次のように、大きく3つに分けられます。

❶**財務諸表分析**……決算書や有価証券報告書から、経営状況や財務状態を分析

❷**調査報告分析**……調査会社に調査を依頼して、そのレポートをもとに実態を分析

❸**特殊調査分析**……買収調査や資本参加など、法務・財務の面から、弁護士事務所や監査法人に本格的な調査を依頼し、その結果に基づいて分析

いずれの分析も、経営者の意思決定のための助言をするために行うものになります。

最近の傾向としては、激変する企業環境への対応のため、他社の買収の調査や、営業権の譲渡、関連会社の整理など、事業構造の再構築や再編計画に、経営分析が使われるケースが増えています。

《他社の経営分析》

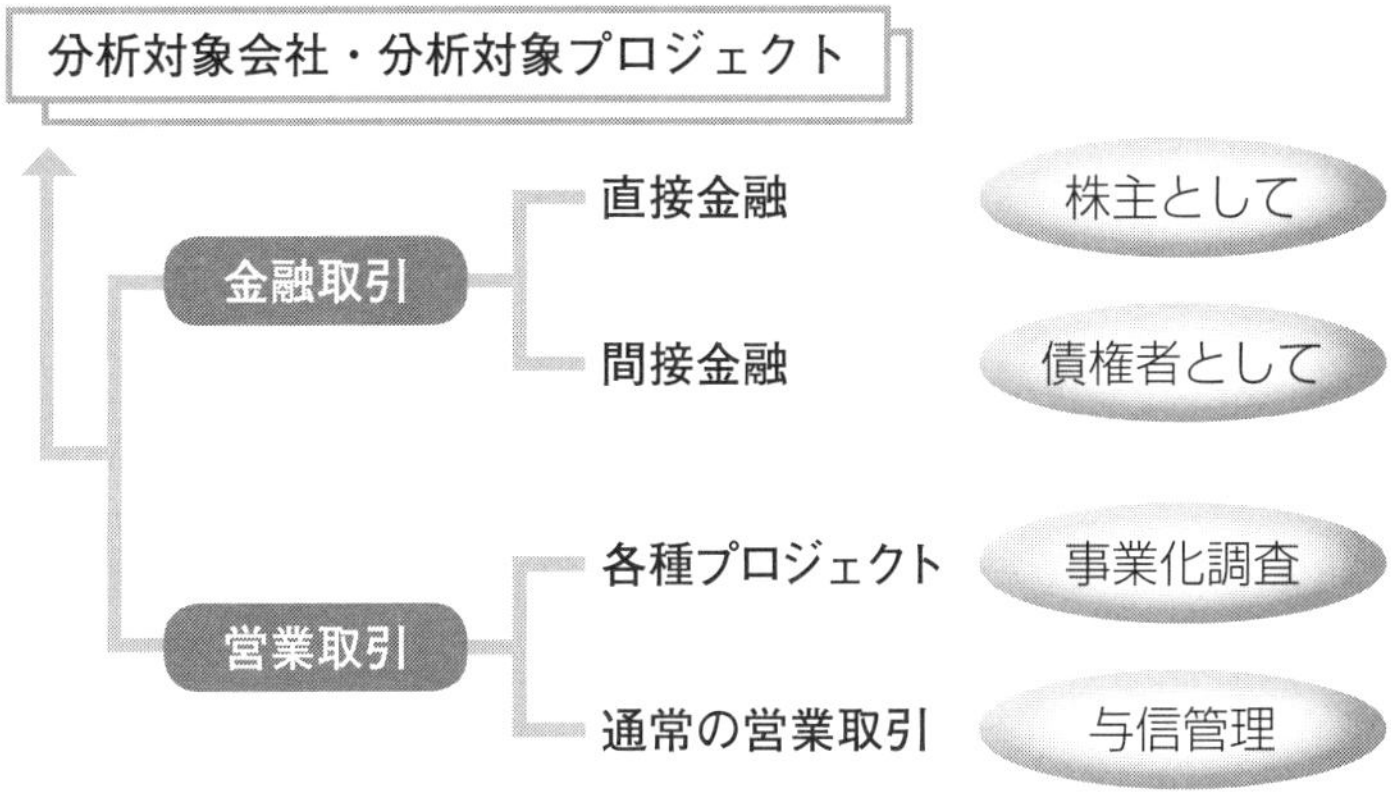

《よく利用される経営分析指標》

収益性に関する指標

項目	内容
総資本純利益率	総資本に対してどのくらい利益をあげたか
総資本回転率	資本が何回転しているか
売上高純利益率	売上高にしめる利益の割合
自己資本純利益率	自己資本に対してどのくらい利益をあげたか

安全性に関する指標

項目	内容
流動比率	流動資産で流動負債を支払う能力があるか
自己資本比率	使用している総資本のうち自己資本はどの程度か
固定比率	固定資産は自己資本で調達しているか
固定長期適合比率	固定資産の不足資金は長期負債で補っているか

管理会計の仕事③

経営判断に必要不可欠な損益分岐点

この製品の売上がいくらになれば、投じた費用を回収してもとが取れるのか……。

会社トップでなくても、ビジネスに関わっていれば、自然と興味がわくところです。

もちろん、会社を経営する上でも、とても重要な情報です。この経営判断の指標となるが、**損益分岐点**の計算です。投資の意思決定やリスク管理には欠かせない基準となっています。

損益分岐点を考える前に、**変動費**と**固定費**というふたつの費用を見ていきましょう。

売上に比例して増減する費用が変動費。**売上の増減に影響がなく一定なのが固定費**です。変動費は、商品の仕入費や材料費が該当します。売上が増えれば、当然これらの費用も増加していきますし、売上が減ればこちらの費用も減少します。固定費は、従業員の給料や、建物の家賃などです。売上に関わりなく、これらの費用は一定となります。

売上から変動費を引いたものが、「**限界利益**」と呼ばれるものです。収支がつりあうためには、固定費を回収するための限界利益が必要です。固定費を全額回収できる売上を、損益分岐点と呼んでいます。

損益分岐点は、「**固定費÷限界利益率（売上÷限界利益）**」という式で算出できます。

《損益分岐点図と利益の考え方〈例〉》

1台あたりの材料費が50万円の機械を製造している。
1台の販売価格は150万円で売っている。
材料費以外の費用は、年間1,000万円かかる。
年に何台販売すると収支がつりあい、何台販売すると利益が出るか。

〈1台の限界利益〉

❶限界利益率
100万円÷150万円＝66.6%

❷損益分岐点
1,000万円÷66.6%＝1,500万円

❸収支がつりあう台数
1,500万円÷150万円＝10台

❹利益が出る台数
10台超➡11台

〈損益分岐点図表〉

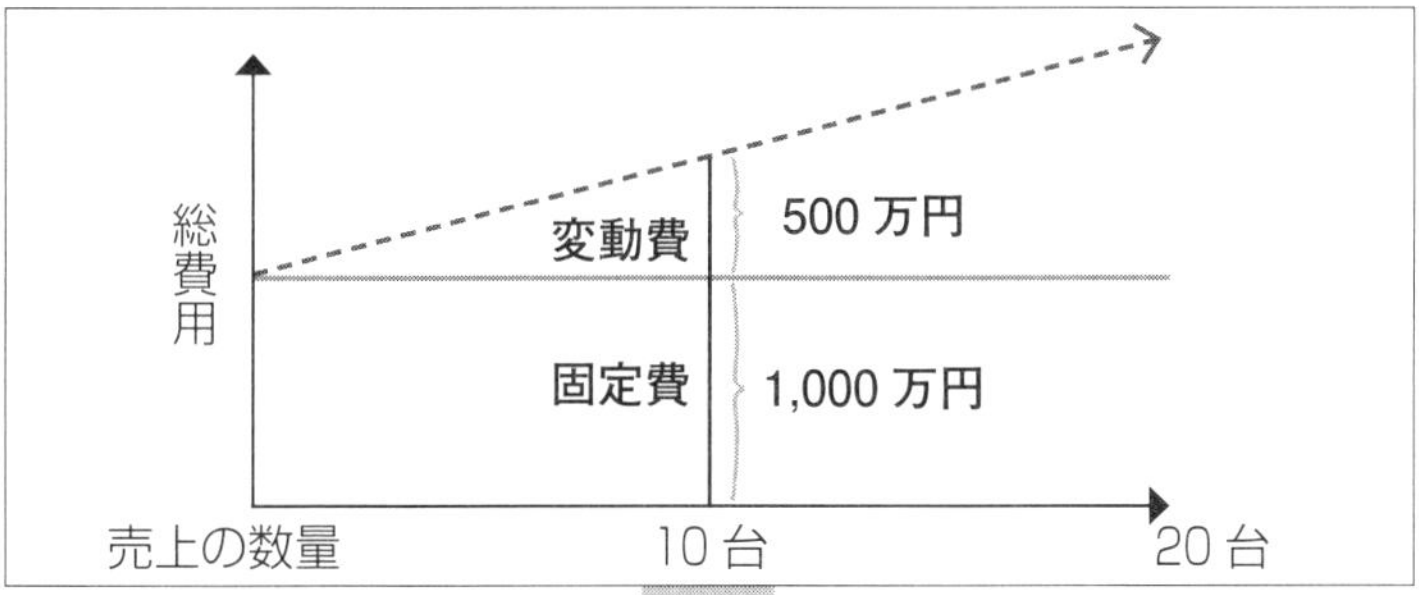

〈11台販売した場合〉

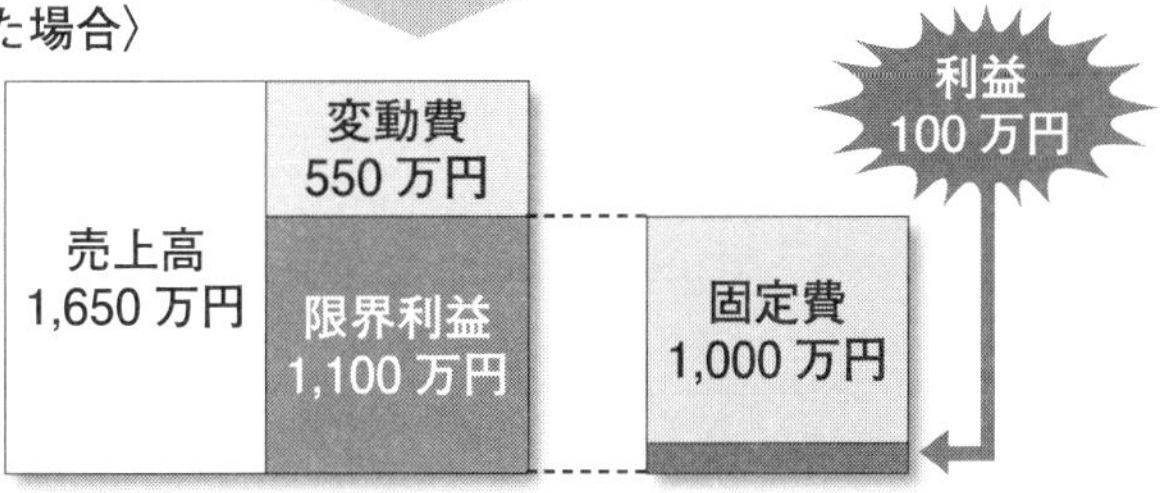

原価管理と直接原価計算

財務会計では、損益計算書にある売上原価を算出するために、原価計算を行うことはすでに解説しましたが、管理会計には「**原価管理**」というとてもよく似た言葉の仕事があります。

管理会計の原価管理とは、会社が活動する上で、「**最小のコスト**」で、「**顧客の満足度、品質、数量など目標を達成できるようにコントロールすること**」です。製品やサービスの質を下げずに、どれだけコストを下げられるか……という問題になります。

製品やサービスの価格は、市場の動向によって変動します。この変動に対応できなければ、市場から撤退という事態にもなりかねません。原価管理は、目標とする原価を決めて、原価を下げるための計画を立てて、それを目指したマネジメントサイクルを実行することです。

150ページの損益分岐点の項で説明したように、売上から変動費を引いたものを限界利益といいますが、この限界利益を売上高で割った数値を限界利益率といいます。**限界利益から固定費を引いた残りが利益**となるわけです。限界利益を使って原価を計算する方法を「**直接原価計算**」といいます。直接原価計算は、利益のシミュレーションをするときに便利なので、管理会計ではよく使われます。

《固定費、変動費、限界利益と直接原価計算方式の利益》

❶固定費

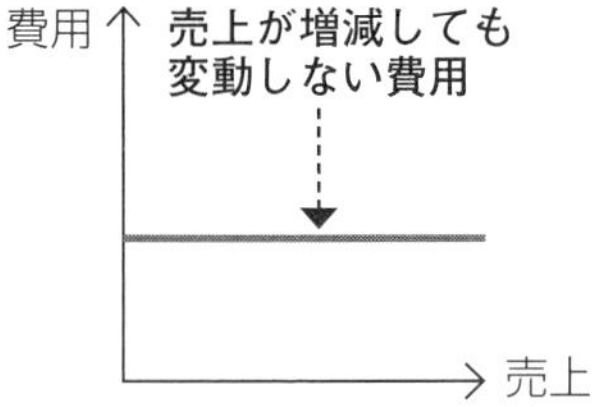

❷変動費

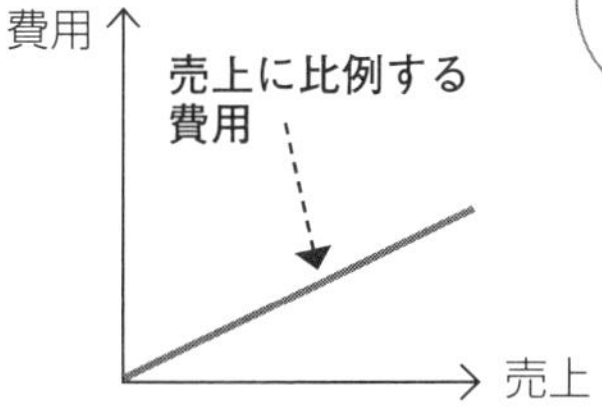

❸総費用

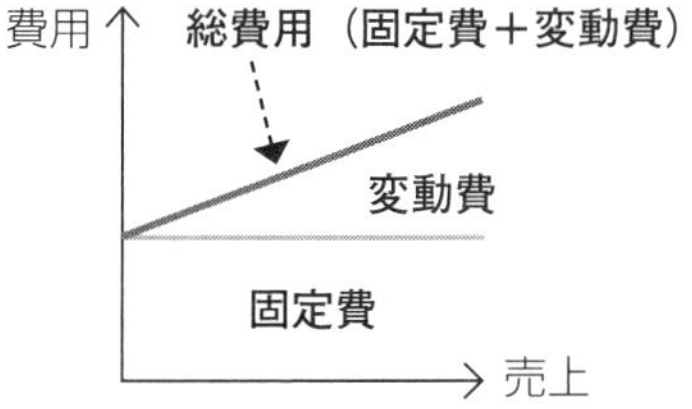

❹損益分岐点

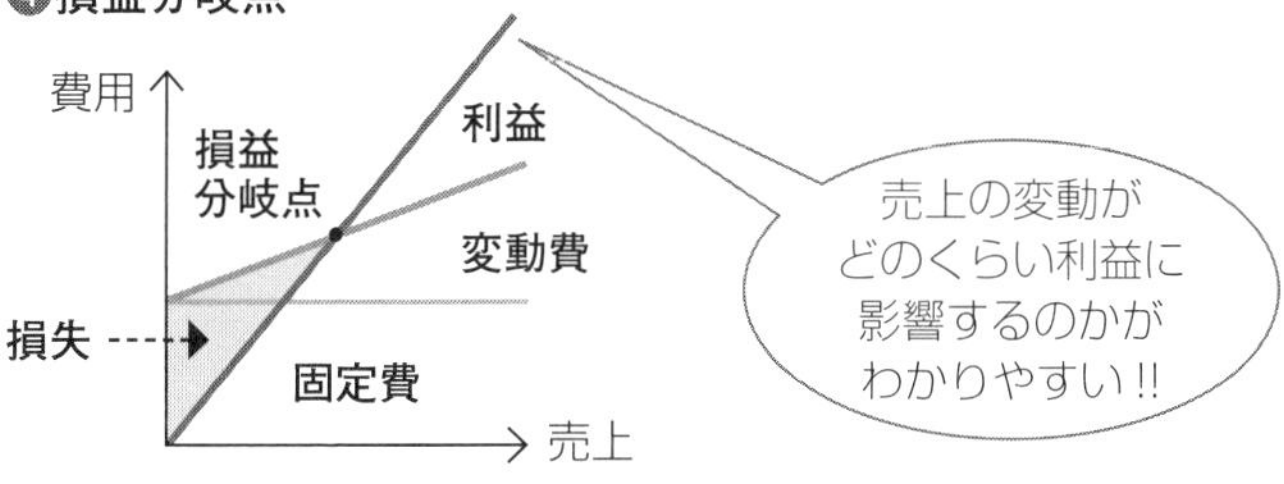

●直接原価計算方式の損益

科目名
売上高
直接原価
商品仕入高
材料費
外注加工費
荷発費
広告宣伝費
限界利益
固定費
販管人件費等
販管他固定費
生産人件費等
生産他固定費
営業外収支
経常利益

変動費は直接原価ともいう

管理会計の仕事⑤ キャッシュフロー

キャッシュフローとは、お金の流れという意味です。決算書にある売掛金は、実際に会社にお金が入っていなくても、売上として計上されています。実際のお金の動きと利益とは連動していません。そこで、長期的な資金の流入額と資金の流出額の総額を評価し、企業価値や投資価値を測定する場合、必要とされるのがキャッシュフローです。

財務会計の場合、決算書は1年単位で作成されますが、ある事業へ投資した場合、投資した資金を回収するには何年もかかることが多々あります。投資によって、**どの程度の付加価値が生み出されるのか**……という予測が、投資をするか否かの重要な情報となるのです。

正味の使用可能な資金増加額を予測することは、投資行動をする上で必要な情報のひとつです。投資の効果が現れるには時間を要するため、一定の割引率で計算した現在価値で測定するのが一般的です。この手法は、**DCF（ディスカウンテッド・キャッシュフロー）法**と呼ばれています。将来の名目上の価値を、ある程度減額して評価するのが特徴です。投資の意思決定を下すとき、事業活動の結果もたらされる資金、つまりその事業による売上高が、支出される資金の総額をどの程度上回るかが重要な指標になってきます。

経理部では、これらの資金の増減額を計算して、会社のトップに判断材料として提供します。

《キャッシュフローの予測例》

【状況】

- 工場に 100 億円投資、稼働するのは来年から
- 毎年の減価償却費は５億円で利益は 10 億円出る見込み
- 運転資金は初年度から同額
- 稼動してから３年で回収できるキャッシュフローを計算
- ディスカウント（割引）率は 10%

❶事業から生み出されるキャッシュフロー

（単位：百万円）

	1年め	2年め	3年め	4年め
(a) 減価償却費		500	500	500
(b) 利益		1,000	1,000	1,000
(c) キャッシュフロー（a＋b）		1,500	1,500	1,500

減価償却費は「支出が伴わない費用」なので利益に加算して考える

❷投資のキャッシュフロー

1年めに 100 億円投資

（単位：百万円）

	1年め	2年め	3年め	4年め
投資額	△ 10,000			
事業のキャッシュフロー				
ネット・キャッシュフロー	△ 10,000			

現在の価値に計算し直した回収額

❸ネット・キャッシュフロー

（単位：百万円）

	1年め	2年め	3年め	4年め
(a) キャッシュフロー（❶＋❷）	△ 10,000	1,500	1,500	1,500
(b) ディスカウント率	1.0	0.9	0.81	0.729
(c) ネット・キャッシュフロー	△ 10,000	1,350	1,215	1,093
(d) ネット・キャッシュフロー累計	△ 10,000	△ 8,650	△ 7,435	△ 6,342

将来に回収するお金は、現在と同じ価値はないと考えて１年ごとに 10%割り引く

63 億円を５年め以降で回収する必要がある

管理会計の仕事⑥

利益管理の実務

利益管理とは、決められた予算の利益目標を達成するために行う活動のことです。会社の予算は、「**絶対に達成する**」という意味合いの数値目標です。目標を達成することは、予算を立てることよりもさらに大変なのは十分承知のことだと思います。

予算と実際の数値を比較して、計画どおりにいかなかった理由を分析し、実際の営業努力により予算を達成しようとすることを、「**予算統制**」と呼んでいます。

予算統制では、過去の実績を予算と対比させるだけでは不十分です。販売や原価の予測と対応策を盛り込むほか、会社が置かれている環境や市場の動向なども考慮して、予想損益を作成します。年間の実績予想と予算を比較しながら、予算を達成するための施策を立案していきます。

経営環境がめまぐるしく変化する現代において、予算統制は柔軟に対応することも求められます。各部門の目標と責任範囲を決めて、その遂行状況をチェックしていくのが予算統制の基本ですが、状況の変化に応じて、予算を変更することも検討します。

利益管理で大切なことは、各部門が自発的に目標を達成し、会社全体の利益確保に積極的に取り組む企業体質づくりです。そのためには、どうすれば目標が達成できるのか、わかりやすい利益管理の資料を作成することが、経理部の大事な仕事です。

《損益予想と利益管理》

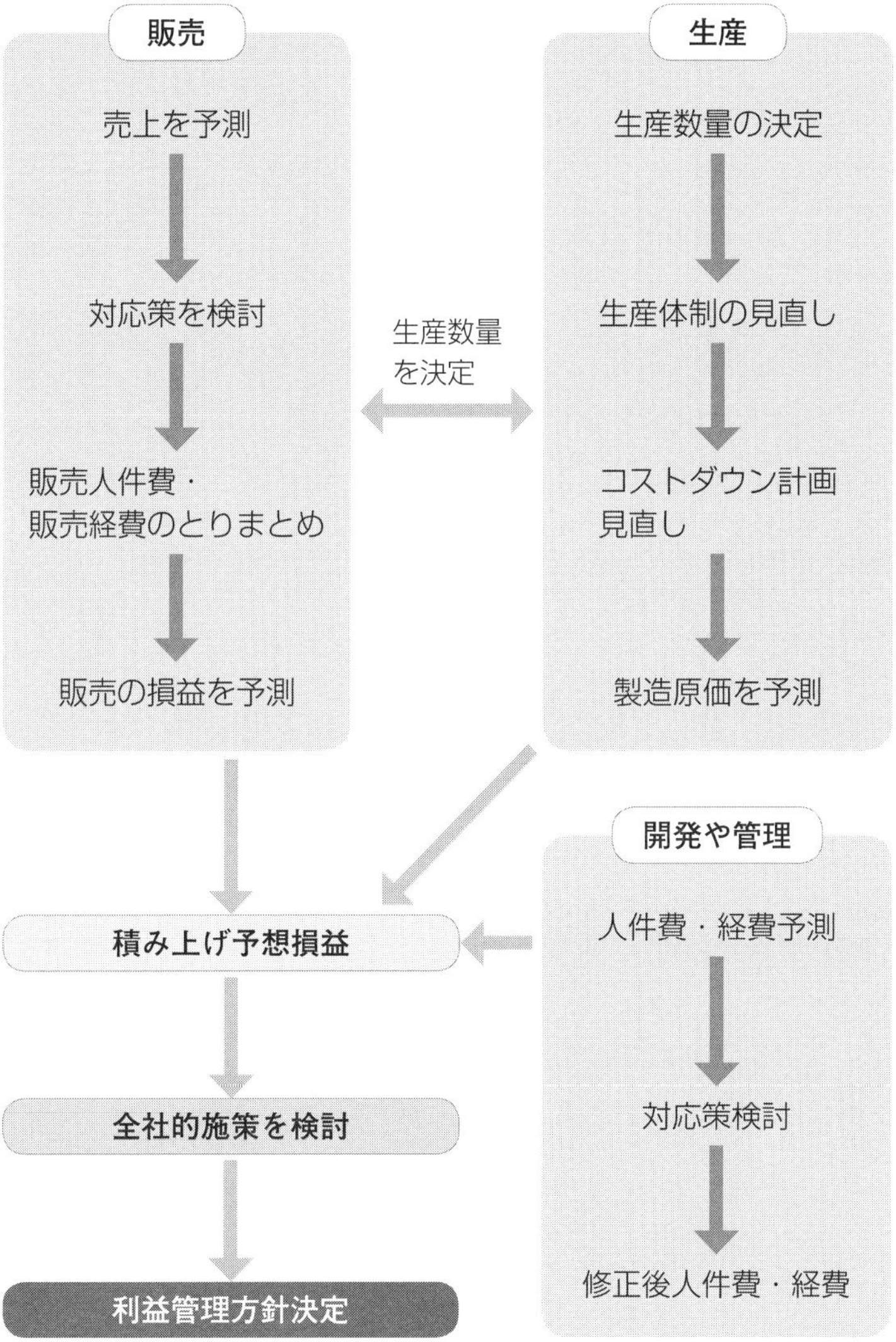
販売
売上を予測
対応策を検討
販売人件費・
販売経費のとりまとめ
販売の損益を予測
生産数量
を決定
生産
生産数量の決定
生産体制の見直し
コストダウン計画
見直し
製造原価を予測
開発や管理
人件費・経費予測
対応策検討
修正後人件費・経費
積み上げ予想損益
全社的施策を検討
利益管理方針決定

管理会計の仕事⑦

業績評価の実務

業績評価とは、会社の各部門や個人が会社の利益にどれだけ貢献しなければならないのか、どうすれば生産性を高めることができるのか、ということについて計画を立て、実績を把握する仕組みのことです。実績を把握して、計画と比較することで、業務改善につなげていくのが目的です。

よくある話ですが、販売部門と生産部門というのは、どの会社でもギクシャクした関係になることが多いようです。「売れないのは製品が悪い」「売れないのは販売が悪い」などのように、お互いを批判することに終始しがちです。経理部の仕事としては、双方の言い分を聞いて、公平な業績評価基準を作ることが大事になってきます。

業績評価では、採算が管理できる業績評価単位を決めます。理想的な業績評価単位というのは、事業や部門がひとつの会社であるかのように、業績を把握できるようにすることです。部門利益を算出する上で難しいのは、「**内部原価**」の算出です。これは、製品を仕入部門や生産部門から、販売部門へ引き渡すときの価格のことです。業績評価の実務では、内部原価を適正に設定し、在庫計画や生産数量を調整するなど、各部門の責任を明確にすることが必要になります。

《業績評価の単位の例》

（　　　業績評価単位）

❶事業部単位

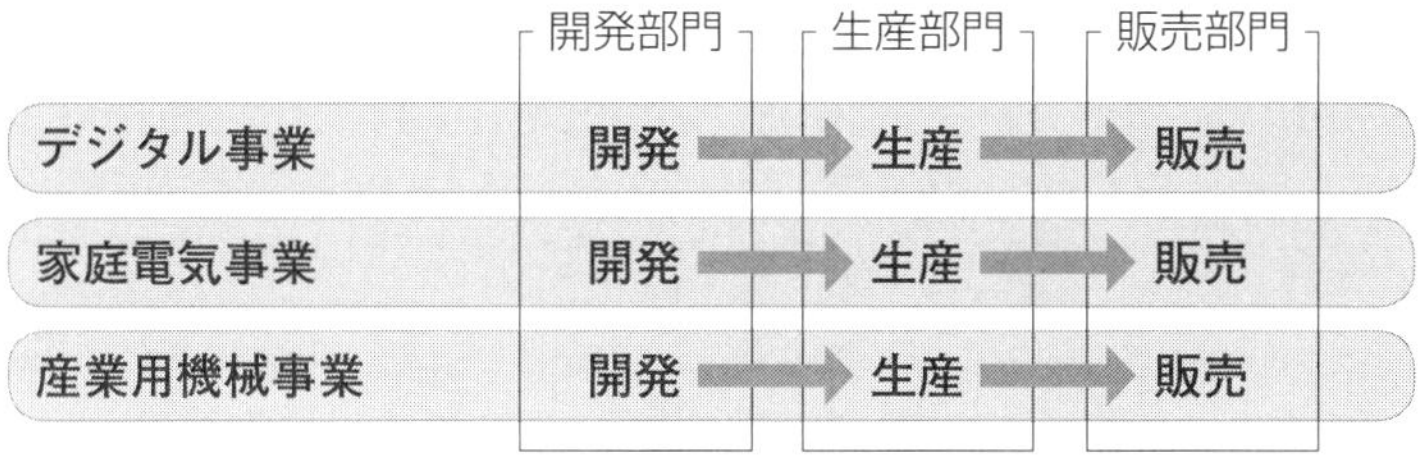

❷工場単位

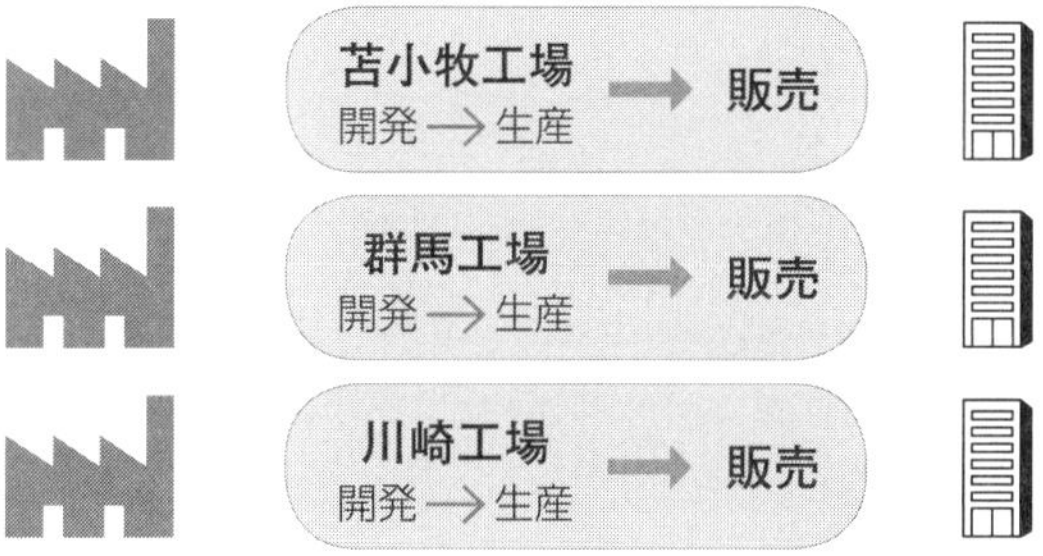

❸販売拠点単位

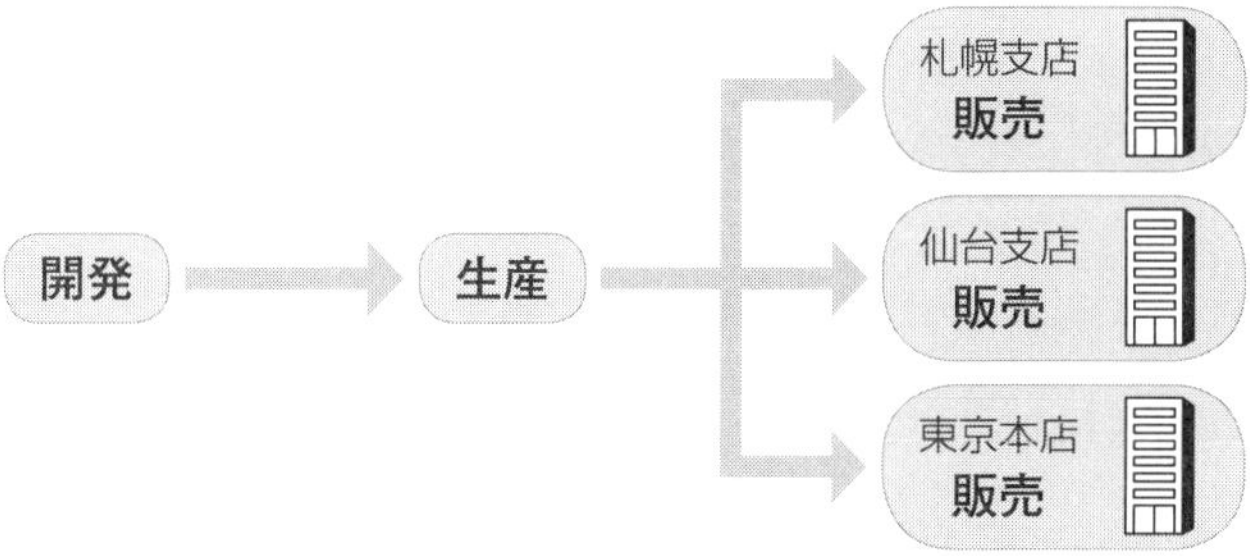

❹機能単位

管理会計の仕事⑧

そのほかの管理会計の仕事

管理会計は、財務会計のように法律上の制限はなく、また、資金業務のように定型的な処理業務も多くはありません。業種や会社の規模、会社固有の事情によって、管理会計の業務は様々です。

そのほかの管理会計の仕事ですが、たとえばこんなことが挙げられます。

❶資本的支出や大口投資、融資の事務局となる業務
❷市場やライバル企業の業績調査
❸関連会社などへの経営報告業務
❹生産販売計画の調整業務
❺在庫計画と在庫分析
❻与信管理制度の構築
❼企業買収調査、分社化など事業再編の事務局
❽新製品などの原価企画
❾R＆D比率の調査、コントロール

いずれにしても、管理会計課が単独で行うという業務は少なく、社長室、企画室、人事部門、生産管理部門、物流部門などの他部門との共同プロジェクトの事務局という役割が多いのです。これらの部署が何らかのプロジェクトを検討する場合、経理部として、適切なアドバイスをすることが重要となるのです。

言葉は似ているけどやっぱり財務会計と管理会計の業務は違うんですね
露見さんと話をしていると
そうですね勉強になります
なぜか心が落ち着いてくる

《共同プロジェクトやアドバイス業務》

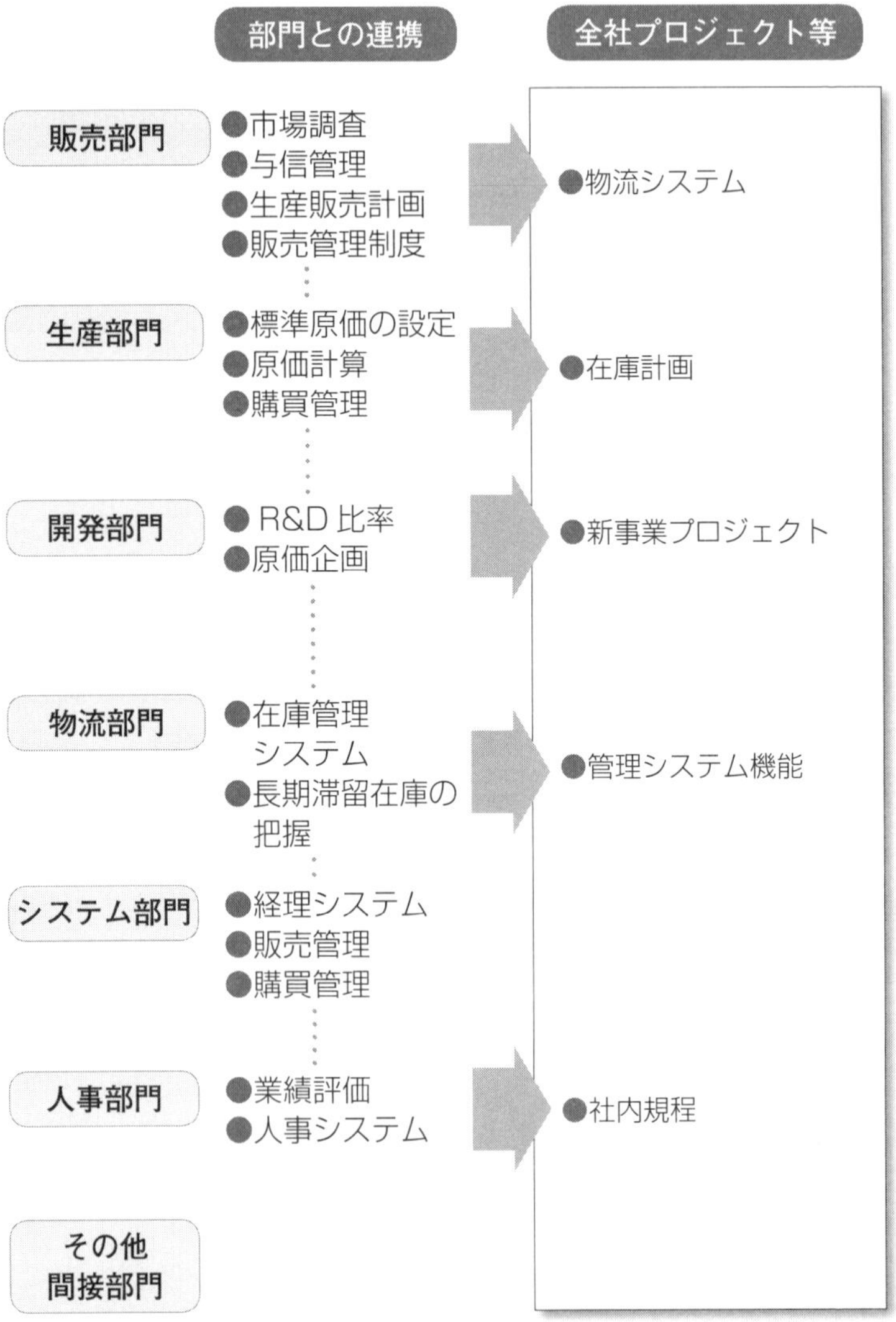
部門との連携
全社プロジェクト等
販売部門
●市場調査
●与信管理
●生産販売計画
●販売管理制度
●物流システム
生産部門
●標準原価の設定
●原価計算
●購買管理
●在庫計画
開発部門
● R&D 比率
●原価企画
●新事業プロジェクト
物流部門
●在庫管理システム
●長期滞留在庫の把握
●管理システム機能
システム部門
●経理システム
●販売管理
●購買管理
人事部門
●業績評価
●人事システム
●社内規程
その他間接部門

第4章

決算と税金の業務

Story 初めての口づけ

…でも
どうしても
確かめたいことが
あって…
…すごく
言いにくいん
ですけど

経理部では
決算が近くなり慌しくなっていた
それまで激しかった派閥争いも
一時休戦状態
ホッ…
桂木さん？どうかしました？
連携係となった私と露見さんは
あいいえ
会議室を使って共同で決算作業を行っていた
決算手続きは財務課のほうが詳しいですよね？
はい
会社の活動1年間の総決算ですから
私も力が入ります！

決算の具体的な段取りです
決算の手順
1　決算書の作成
2　会計監査人・監査役の監査
3　定時株主総会の承認
4　有価証券報告書・税務申告書の作成

最近はマスコミが業績でランキングをつける傾向があるので
なおさら決算が重視されるわけです
決算への関心
トップマネジメント
経営
関心
決算
1年間の企業活動の集大成
関心と注視
株主
金融機関
取引先
従業員
決算の緊張感は財務課ならではのものですね

決算で大切なのは
ふたつの「利益」です
まずは「営業利益」
これは本来の仕事で
稼いだ利益のことです
営業利益とは
売上から売上原価と販売費や一般管理費を差し引いたもの
売上
いらっしゃいませ〜
営業利益
材料費
人件費
広告費
経常利益とは
営業利益に受取利息などの営業外利益を足し、
銀行に支払う借入利息などの営業外費用を差し引いたもの
もうひとつは
「経常利益」
財務活動など
本業以外の
損益も加えた
通常の利益です
利息
営業利益
経常利益
借入
BANK
貸倒引当金や
在庫の処分も
早めに見積もり
利益を経営
トップに報告する
必要があるんです
財務課も
重要な役割を
担っているんですね
会社法上の決算書は
こちらになります
決算書の種類
計算書類
① 貸借対照表
② 損益計算書
③ 株主資本等変動計算書
④ 個別注記表
・事業報告
・附属明細書

「貸借対照表」は会社の財務状態を表すもので
「損益計算書」は会社の経営成績を表すものですね
はい
そのあたりは代表的ですよね
「株主資本等変動計算書」は貸借対照表の純資産の部について期中の増減内容を表示するものです
「個別注記表」は重要な会計方針や貸借対照表注記損益計算書注記などが記載されます
簡単に言うと「株主資本等変動計算書」は株主さんの持ち分の動きを表したもの
「個別注記表」は決算書を判断するために必要な事項（注記）を一覧にしたものです
「貸借対照表」は期末時点の資産・負債・純資産の残高「損益計算書」は一定期間の収益・コスト・損益の累計表です
なるほど
「決算書の種類」についてはこちらに書いておきますね
ありがとうございます

決算のあとは会計監査と申告や納税手続きです
法人等の納税
法人税や地方税消費税は
申告書を作成して計算した税額を納付します

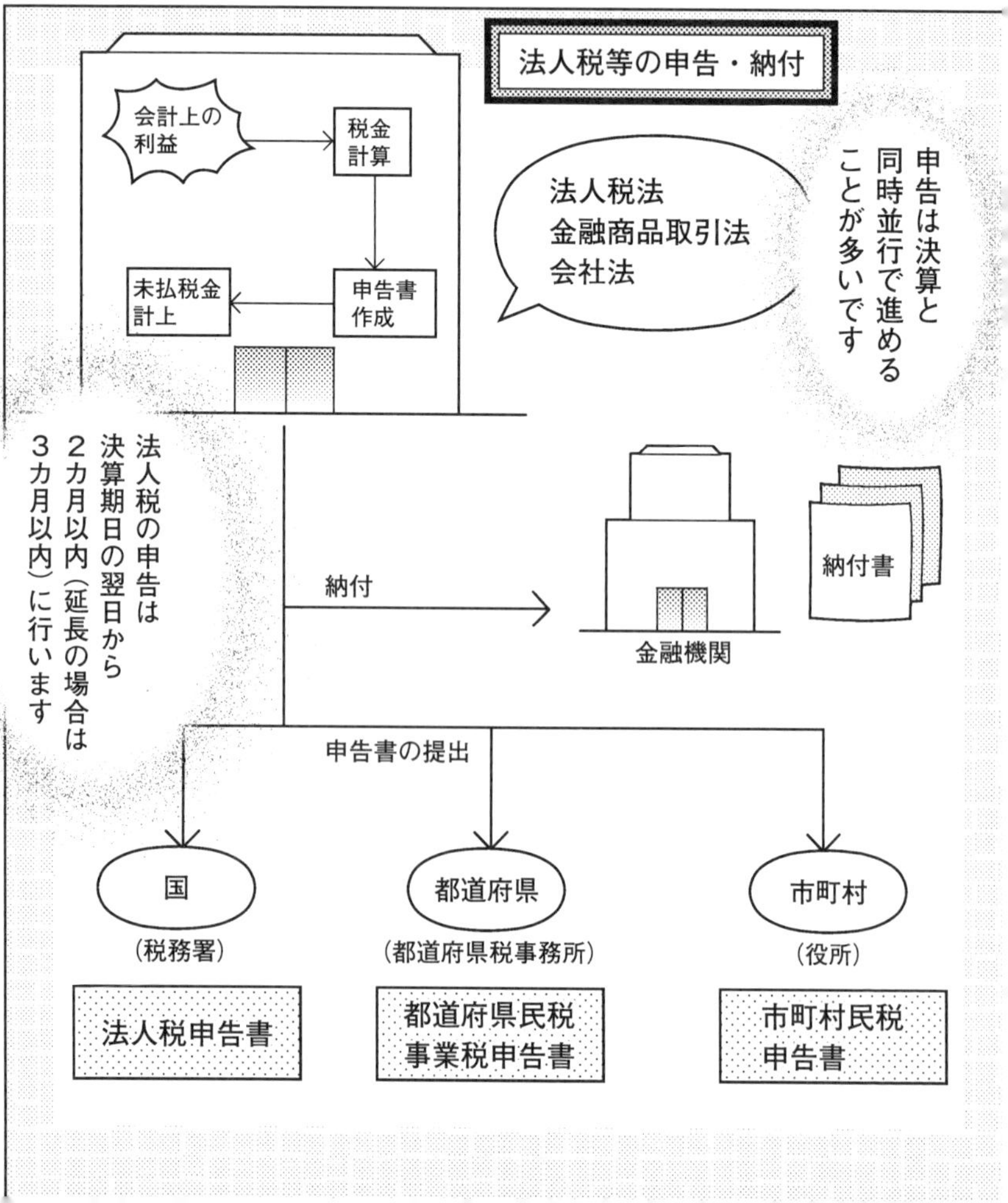
法人税等の申告・納付
申告は決算と同時並行で進めることが多いです
法人税法
金融商品取引法
会社法
会計上の利益
税金計算
申告書作成
未払税金計上
法人税の申告は決算期日の翌日から2カ月以内（延長の場合は3カ月以内）に行います
納付
金融機関
納付書
申告書の提出
国
（税務署）
法人税申告書
都道府県
（都道府県税事務所）
都道府県民税
事業税申告書
市町村
（役所）
市町村民税
申告書

法人税は会社単位で申告するのが原則ですが
100%支配関係にある企業グループを一体として申告することもできます
連結納税制度
親会社
子会社A
子会社B
所得を合算
申告・納税
国
これを「連結納税制度」といいます
税金制度は毎年変更になりますので常に最新の動向に注目しておくことが重要なんです
財務課の仕事も結構大変ですね
あっ あと税金の中でも「消費税」は注意が必要です
「消費税」は国内において事業として資産の譲渡または貸付サービスの提供を対価を得て行った場合に発生します 土地の売買や海外での取引には発生しません
消費税
消費税発生
お客様
店員
商品
ありがとうございます

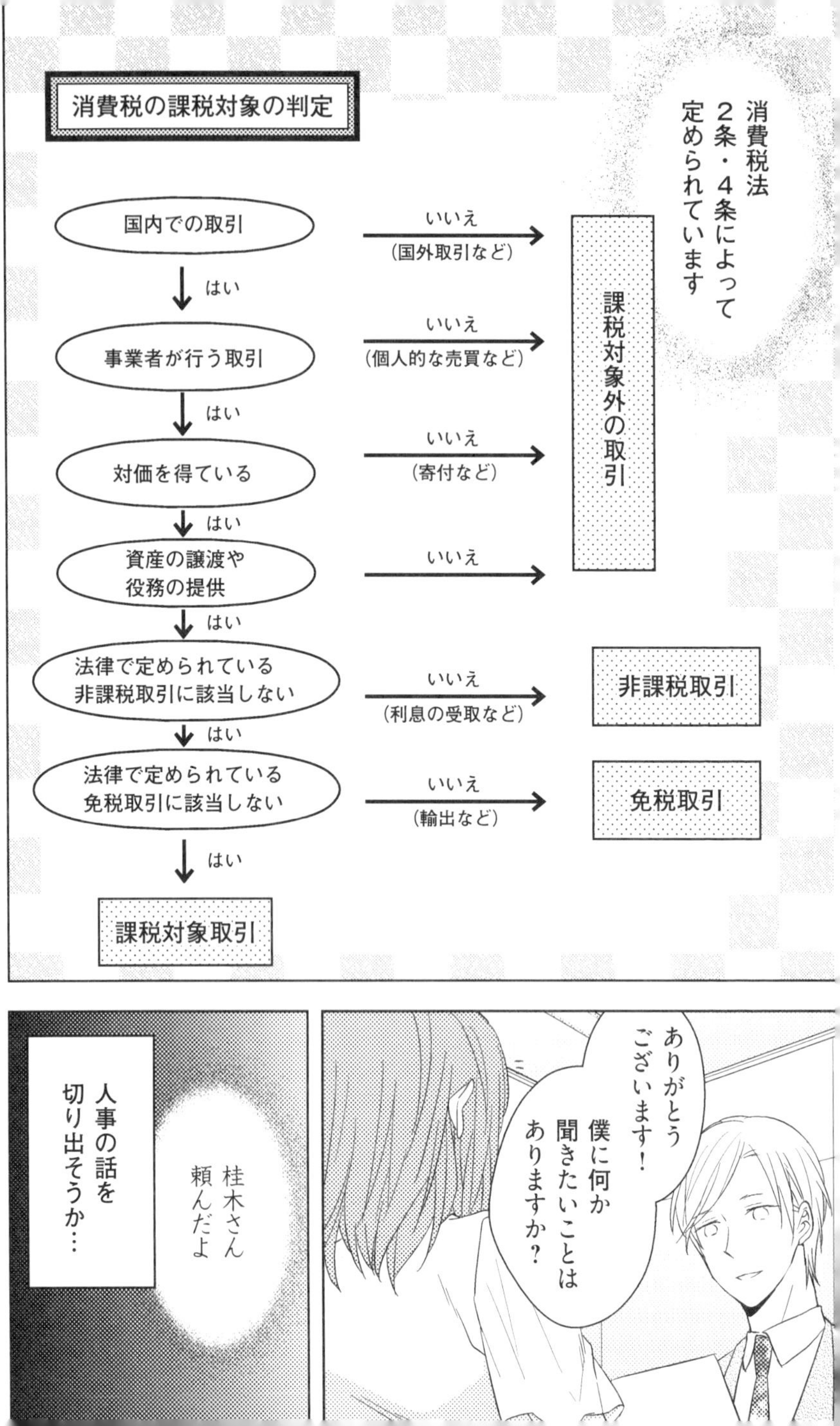
消費税法2条・4条によって定められています
消費税の課税対象の判定
国内での取引
いいえ（国外取引など）
はい
事業者が行う取引
いいえ（個人的な売買など）
はい
対価を得ている
いいえ（寄付など）
はい
資産の譲渡や役務の提供
いいえ
課税対象外の取引
はい
法律で定められている非課税取引に該当しない
いいえ（利息の受取など）
非課税取引
はい
法律で定められている免税取引に該当しない
いいえ（輸出など）
免税取引
はい
課税対象取引
ありがとうございます！
僕に何か聞きたいことはありますか？
桂木さん頼んだよ
人事の話を切り出そうか…

露見さんはうちの会社で将来やりたいこととかあるんですか?
もちろんあります!
あでも…
課長からむやみにしゃべらないようにと言われまして
そそうなんですか
すみません変な質問して
どうしよう…これじゃ何も聞き出せない――…
このままではロミオに対して誠実ではないし
こんなことしたくないのに
でも課長にも…

[redacted]年 [redacted]月[redacted]日
ジュリエットは悩んでます…
[redacted]年 [redacted]月
New
本当のことをロミオに打ち明けたらどうですか？
ぱっ
本当のことを打ち明ける…か
でもロミオが本当のことを知ったら…嫌われてしまうかもしれない
「ロミオに嫌われたら困るんです」っと
カタカタ…
[redacted]年 [redacted]月[redacted]日
困るんです
ぱっ
New
どうしてロミオに嫌われると困るんですか？
えっ
どうしてってそれは…

議室
監査法人による
監査が行われている
税務調査は
利益の過少計上が
メインになるが
会計監査は
利益の過大計上
いわゆる
粉飾決算がないかが
調査される…
んー
ちょっと厚化粧
しているような
印象ですね…
厚化粧…
本当の化粧の
ことを言って
いるのではない
粉飾決算のことを
「厚化粧」や
「化粧直し」と
呼ぶのだ
たとえばどの
部分ですか？
売上高の一部に
不審な点が
あります
カタ…
注文を受けて
納品したのに
決算がすぎると
返品になっている
案件がいくつか
あります
しかもその
いずれも 金額的に
重要な取引ばかり
で…

押し込み販売を疑っているんですか？
待ってください
返品になったのは突発的なことでこの処理で問題ありません
…財務課長
僕はそう思いません
これは営業成績をよく見せるための偽の納品…
押し込み販売ではないのでしょうか？
財務課長は営業担当の常務と親密な関係になっている…
ざわ
返品は突発的ですのでそのへんの経緯は詳しく説明させていただきます
ざわ…
何だね君は　これは財務課の問題だ
管理課から口出しされる筋合いはない
まさか営業部からの要求を断れずに…？

そんなことはないと信じたいけど…
今日は常務は来ない 私たちだけで打ち合わせを始めよう
常務はいないのか…
ホッ
ガラッ
課長
遅くなってすみません
えっ どうして ティボルトが…
例のものを持ってきました
おお 見せてくれ

さっき連絡くれたやつだな？
はい
管理課が計画している経理部内の新体制人事案です
——え？
驚くような人事案でしょう？
課長も僕も名前がありませんよ
ああ…
管理課の人員が今の2倍か
それに対し財務課は人員削減…
経理部を管理課で独占するつもりだな
ん 露見のヤツが係長だって？
バカにしてる…
課長
もっとバカにしている人事がありますよ
その露見の下にいるのは
桂木です
…桂木さん
君は管理課サイドの人間だったのか？
いいえ
違います

この人事案を見て非常にショックだよ
君は平気で人を裏切るような人間だったのか？
そんなっ
私は裏切ったりはしていません
ガタッ
て
課長 こいつに土下座したんですか？
まったくひどいですね
仲間を裏切って敵にすり寄るなんて！
私は君に管理課に取り入ることを頼んだんじゃない
君を信頼していたからこそ
私のピンチを救ってくれないかと土下座までしたんだ
土下座はしなかったじゃない…
桂木とは大学で一緒でしたが
腹黒いんですよこいつっ！
すとん
て
ちょっとティ…じゃなくて浜岡君！
そんなふうに思ってたの？
おそらく天秤にかけたんじゃないですか
それで向こうに取り入るほうを選んだんですよ
…桂木さん
君には本当に失望した
はぁ

課長 私の話も 聞いてください
私は誠実に 経理の仕事を してきました
課長から 頼まれた ことにも 誠実に対応 しようと しました
裏切ったつもりは ありません
……
つまり八方美人 でいること… それって 腹黒いよね
……
失礼 します
——入社以来
こんなに 落ち込んだのは 初めてだ…

露見さん？
どうしたんですか？こんなところで
ごめんなさい こんな待ち伏せみたいなことをして
…でも どうしても確かめたいことがあって…
…すごく言いにくいんですけど
桂木さんは管理課の動向を探るために
僕に近づいたんですか？
ウソですよね？そんなこと…
頭の中が真っ白になった…

本当は自分から打ち明けなければならなかったのに——
ご ごめんなさい
私 本当のことがどうしても言えなくて…
本当なんですか？
うまく言えないんですけど…
私 露見さんと色々お話ができて本当に楽しかったんです
だからいつまでもこの状態でいたいと思ったら
ずるずると来てしまって…
えっと その…
何言ってるのかわからなくなっちゃったんですけど
…じつは
僕も財務課の様子を探るように
管理課長から命令を受けていました
えっ
謝らなきゃいけないのは僕のほうです

桂木さんと話をするのが楽しくて
あっという間に時間がすぎてしまって…
肝心なことは何も聞けなかったんですが…
…私
財務課と管理課の争いなんて
巻き込まれたくなかったです
最初からもっと普通に
露見さんと話したかったのに

解説⑥ 第4章

決算と税金の業務

「経理についていろいろとわかってきましたか？　決して単純作業のくり返しというわけではないのよ」

「経理の仕事って奥が深いんですね。もっと勉強して、仕事の幅を広げられたらいいなと思いました」

「ここでもう一度復習です。プロローグのところでも解説しましたが、

財務会計 ⬇ 利害関係者などの社外への情報公開

管理会計 ⬇ 会社が成長するための社内への情報の提供

と、すみ分けることができますが、財務会計と管理会計は、まったく別々のものではありません。現在は、財務会計における情報開示規制の拡大などの影響で、財務会計と管理会計はお互いを補い合う存在になっているわけで

す。会社が利益をあげて成長するためには、高度な情報の開示が必要となることもあるのです。つまり、お互いがお互いを必要としているの」

「財務会計と管理会計……お互いがそれぞれ補い合う。これって財務課の先輩と、管理課の露見さんのこと？　もしかして先輩、露見さんとの関係を一番言いたかったんじゃ？」

「な、なんのことかしら？　それより、経理部の最大のイベントとも言える、決算について詳しく見ていきましょう」

決算業務①　決算書の作成ルール

わが国では会社法によって年に1回は決算を行って利益を計算することが定められています。そのときに作成する書類を**決算書**といいます。決算書の作成は、会計基準や法律によって、ルールが決まっています。**企業会計原則**をはじめとして、**会社法**と**会社計算規則**、**金融商品取引法**と**財務諸表等規則**、**法人税法**などです。

●企業会計原則

財務会計の基本中の基本です。法律ではありませんが、会計実務の中で慣習として発達したものの中から一般に公正妥当と認められた箇所を要約したものです。「**一般原則**」、「**損益計算書原則**」、「**貸借対照表原則**」から構成されます。

●会社法と会社計算規則

会計帳簿の作成は、**会社法**によって義務づけられています。決算書（**計算書類**といいます）の様式は、**会社計算規則**によって定められています。株主総会の決算書は、会社法の形式で作成されます。

●金融商品取引法と財務諸表等規則

主に上場している会社が適用を受けます。金融商品取引法上の決算書（**財務諸表**といいます）において、勘定科目の定義や表示は、**財務諸表等規則**に定められています。

●法人税法

法人税の申告書は、会社法上の決算書をもとに作成されます。申告時の提出書類は、**法人税法**で規定されています。

《決算で作成する書類》

会社法	貸借対照表	損益計算書
	株主資本等変動計算書	個別注記表
金融商品取引法 連結財務諸表が主。個別財務諸表も添付	連結貸借対照表	連結損益計算書
	連結株主資本等変動計算書	連結キャッシュフロー計算書
	附属明細表	
法人税法	法人税の申告書	勘定科目の内訳明細書
	会社法の決算書も添付	

決算業務②

決算から株主総会までのスケジュール

《決算から株主総会までのスケジュール》

❶決算書の作成

↓

❷監査役・会計監査人による監査

↓

❸取締役会の承認

↓

❹株主総会の召集通知の発送
（開催日の２週間前までに送付）

↓

❺定時株主総会での承認

↓

❻有価証券報告書・税務申告書の作成

会社は、決算日をすぎると、決算書を作成して定時株主総会での承認を得なければなりません。決算から定時株主総会までの具体的なスケジュールは、上記のようになります。

このような大きなスケジュールをもとに、経理部ではさらに詳細なスケジュールを立てます。たとえば、棚卸はいつ実施するのか？　伝票入力はいつ締め切るのか？　試算表はいつ出力するのか？　などです。経理部では、これらの各業務に担当者を割り振り、作業に漏れや重複がないかを管理します。管理者は、そのつど進捗具合を各担当者に確認していきます。

《定時株主総会までのスケジュールと税務》

●３月末が決算日の場合

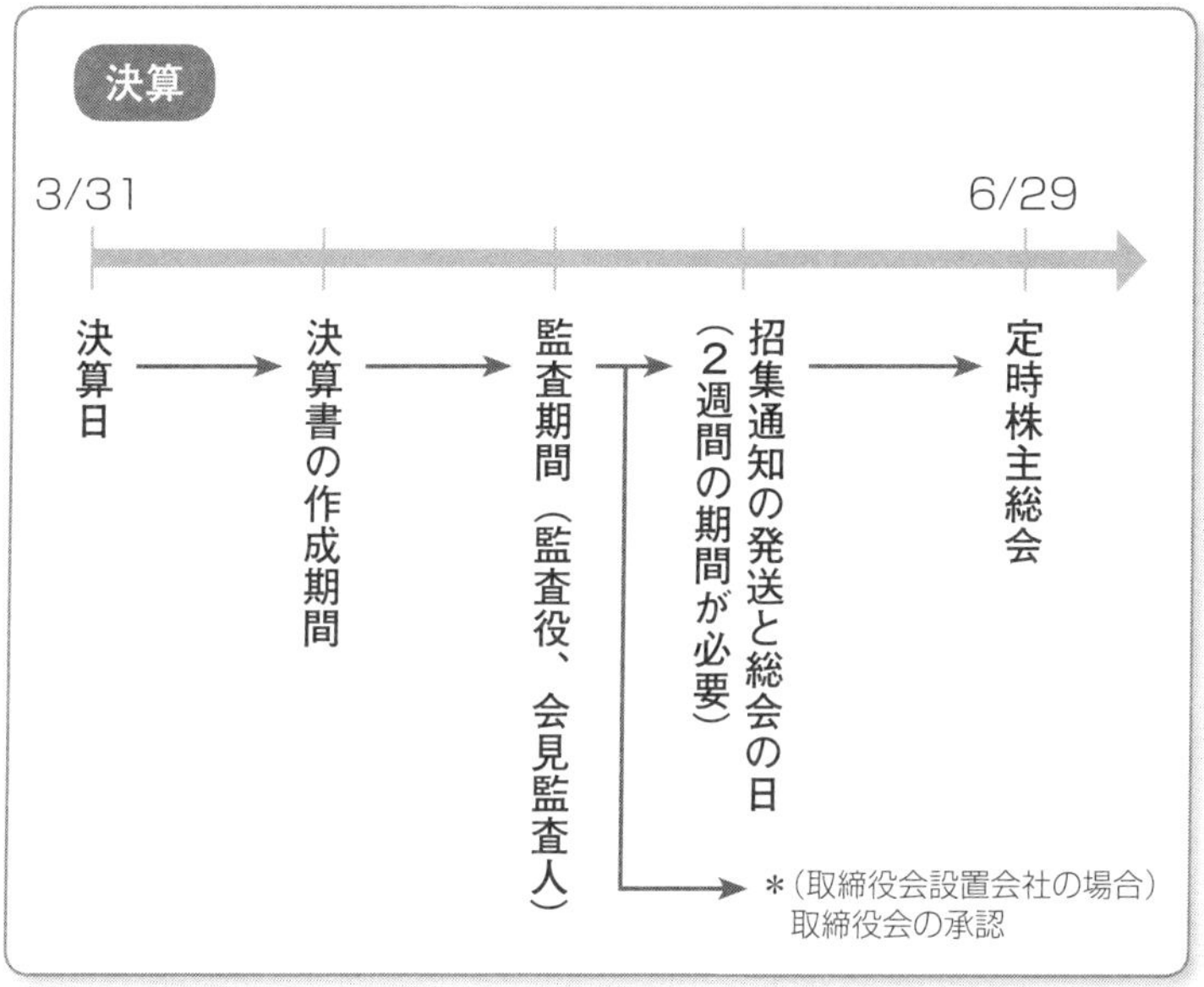

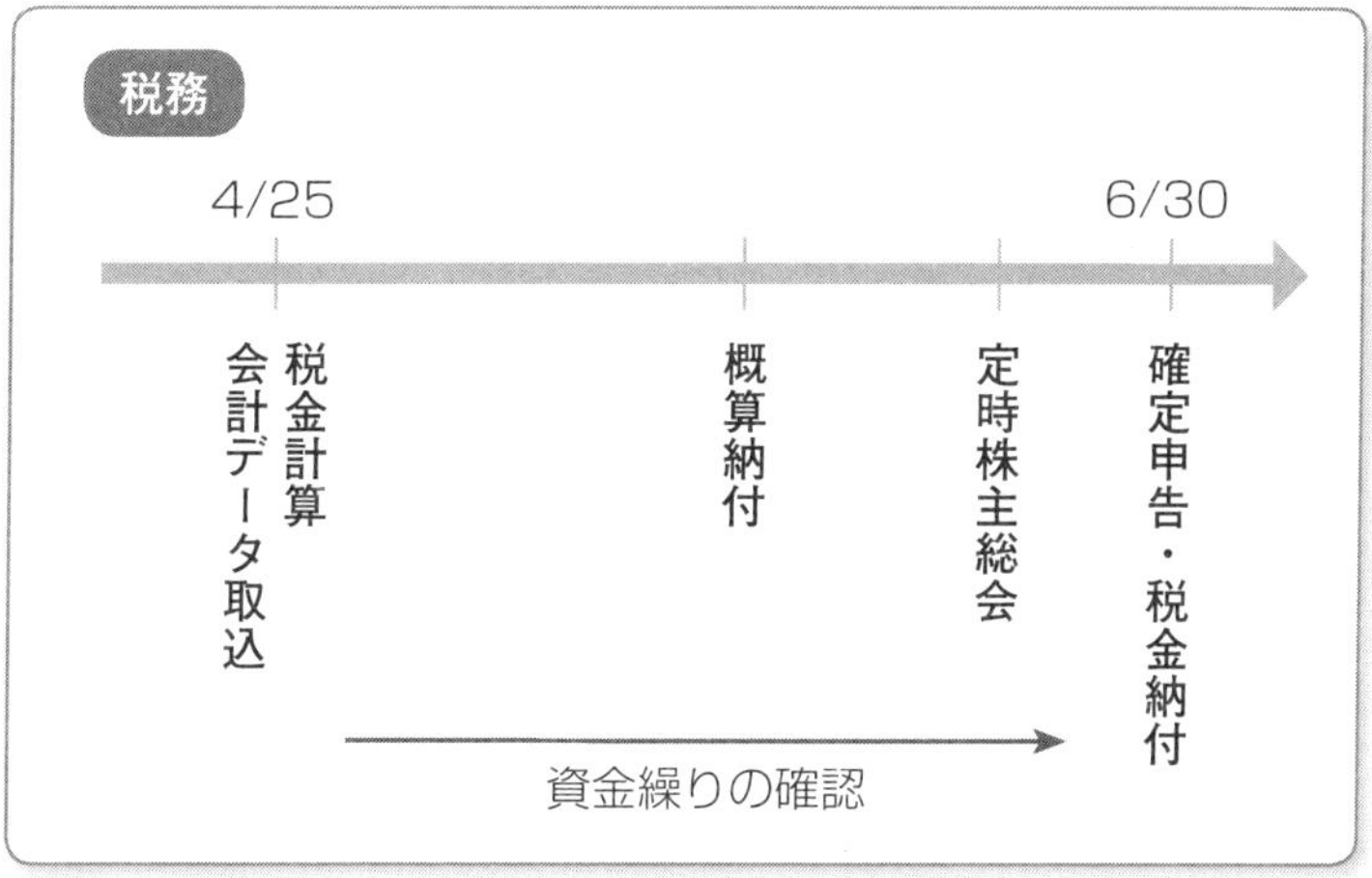

《決算への関心》

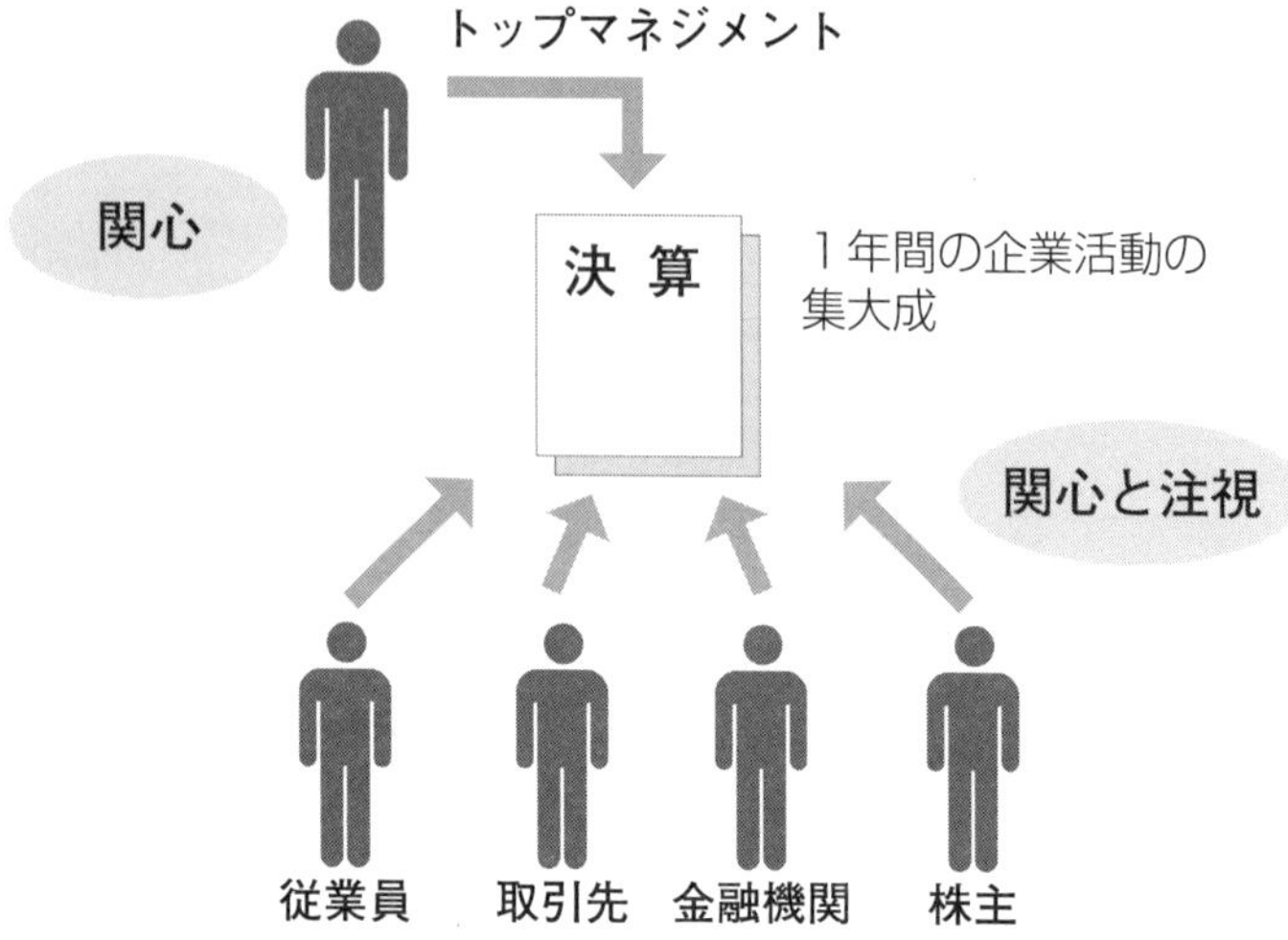

決算業務③ 決算方針

決算は、会社の年間の活動の集大成になります。会社のトップや従業員はもちろん、投資家、取引先、銀行など外部からも大きな注目を集めていますので、経理部にとってはまさにふんばりどころです。

３月決算の会社なら、年明けには、だいたいの決算の概要が見えてきます。上場会社は、決算の前に**業績の予想を公表**しています。精度の高い業績予測が求められます。本業の損益の状況を示す営業利益は、残りの３カ月で急激な変化はおり込めませんが、受注済みの売上を確実に期末までに納品するなど対応すべきことは多々あります。また、貸倒引当金の処理や在庫の処分など経営の意思決定が必要になる事項は早めに見積もり、会社のトップに報告し、早めに方針を決めます。

公表している数値と、実際の決算の数値がかけ離れるようなときには、事前に公表した数値の修正（**業績修正**）を行い、なるべく早く発表（情報開示）する必要があります。

決算業務④　決算書の種類

決算書については、１８３〜１８５ページでふれましたが、ここでは会社法の決算書についてもう少し詳しく説明します。会社法の決算書には「**計算書類**」、「**事業報告**」、「**附属明細書**」があります。

「計算書類」の代表的なものが「**貸借対照表**」と「**損益計算書**」です。

貸借対照表は、会社の財政状態を表し、損益計算書は、会社の経営成績を表します。このあたりは、簿記を少しでも勉強した人ならすでにご存じのはずです。

そのほかに「**株主資本等変動計算書**」と「**個別注記表**」があります。株主資本等変動計算書は、事業年度中における資本金や準備金の増減、剰余金の増減を含めた純資産の部の各項目の増減を示すものです。個別注記表は、会計方針や貸借対照表注記、損益計算書注記などを記載します。

事業報告は、会社の状況に関する重要事項や、内部統制システムなどについて記載します。

附属明細書は、貸借対照表や損益計算書に記載されている項目をさらに詳しく記載したものです。製造業の会社の場合、製品の原材料、労務費、経費の内訳を記載した「**製造原価報告書**」も添付します。

《決算書の種類と果たす役割》

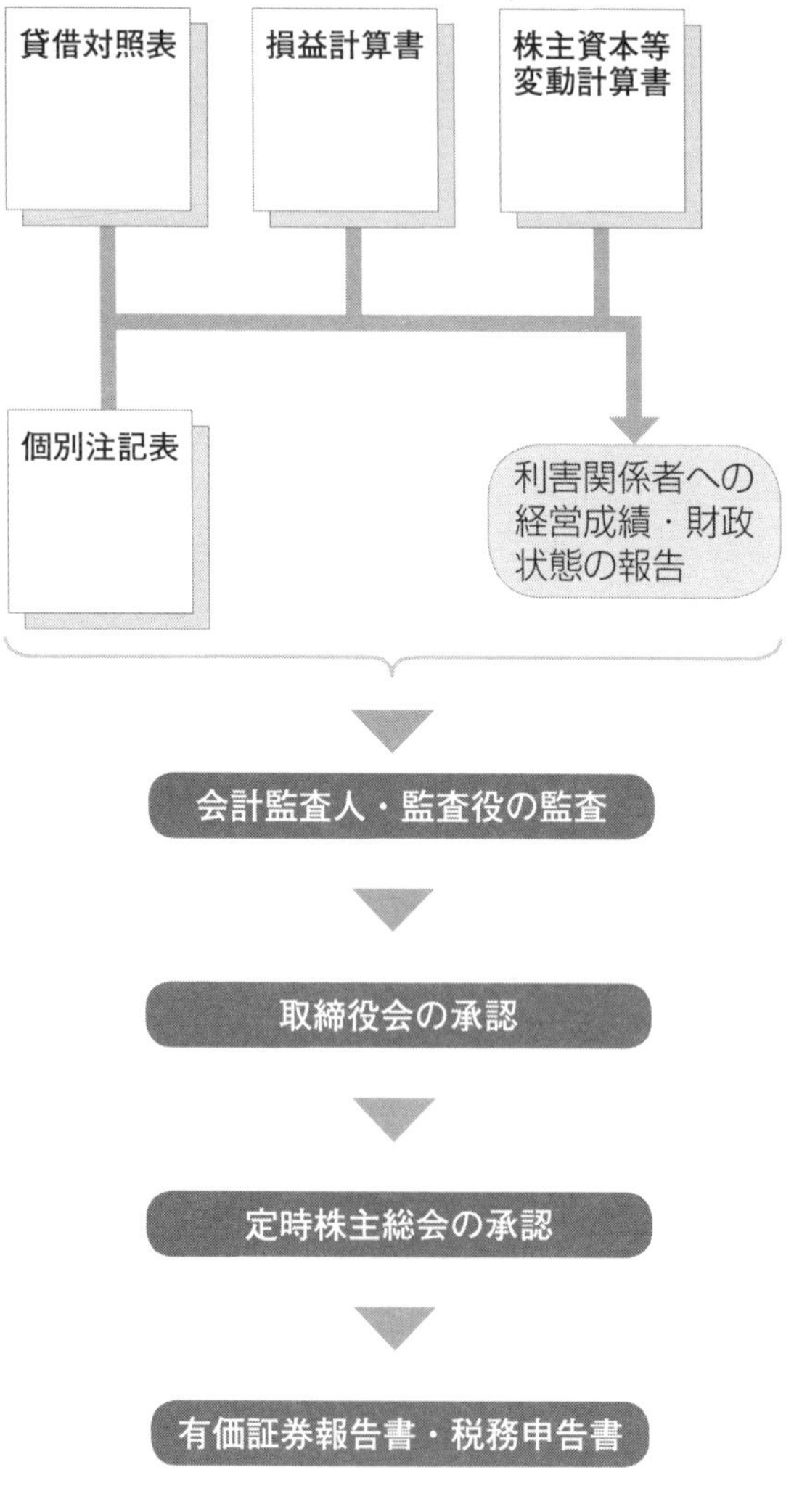

❶貸借対照表

貸借対照表

株式会社シェイク・スピア　　　　（平成◯◯年◯◯月◯◯日）

（単位：千円）

資産の部		負債の部	
科目	金額	科目	金額
流動資産	3,457,443	流動負債	1,355,564
現金及び預金	1,611,984	買掛金	552,731
受取手形	1,850	短期借入金	1,950
売掛金	974,615	リース債務	130
有価証券	328,654	未払金	425,188
商品及び製品	78,183	未払法人税等	123,419
仕掛品	5,000	未払消費税等	100,761
原材料	70,638	預り金	14,838
前払費用	60,759	賞与引当金	130,627
短期貸付金	59,900	その他	5,920
未収入金	228,862	固定負債	431,645
繰延税金資産	87,580	長期借入金	200
その他	10	リース債務	220
貸倒引当金	△ 50,592	退職給付引当金	323,004
固定資産	1,529,826	役員退職慰労引当金	102,301
有形固定資産	402,984	その他	5,920
建物	311,308	負債合計	1,787,209
構築物	300	純資産の部	
機械及び装置	2,000	株主資本	3,158,266
車両運搬具	913	資本金	824,315
工具器具備品	83,508	資本剰余金	965,479
リース資産	350	資本準備金	809,315
土地	373	その他利益剰余金	156,162
建設仮勘定	4,232	利益剰余金	1,406,928
無形固定資産	563,421	利益準備金	810
ソフトウェア	563,421	その他利益剰余金	1,406,118
投資その他の資産	23,000	繰越利益剰余金	1,406,118
投資有価証券	325,563	自己株式	△ 38,456
関係会社株式	421,648	評価・換算差額等	1,669
長期貸付金	62,500	その他有価証券評価差額金	1,669
繰延税金資産	71,131	新株予約権	40,125
差入保障金	227,581		
保険積立金	29,809	純資産合計	3,200,060
資産合計	4,987,269	負債・純資産合計	4,987,269

❷損益計算書

損 益 計 算 書

株式会社シェイク・スピア　（自　平成○○年○○月○○日　至　平成○○年○○月○○日）

（単位：千円）

科目	金額	
売上高		6,656,028
売上原価		3,060,353
売上総利益		3,595,675
販売費及び一般管理費		2,808,897
営業利益		786,778
営業外収益		
受取利息及び配当金	5,146	
受取賃貸料	120	
その他	1,458	6,724
営業外費用		
支払利息	55	
為替差損	530	
その他	1,458	2,043
経常利益		791,459
特別損失		
固定資産廃棄損	90	
棚卸し資産評価損	150	
投資有価証券評価損	34,999	35,239
税引前当期純利益		756,220
法人税、住民税及び事業税	222,999	
法人税等調整額	7,983	230,982
当期純利益		525,238

❸株主資本等変動計算書

株主資本等変動計算書

株式会社シェイク・スピア　（自　平成○○年○○月○○日　至　平成○○年○○月○○日）

（単位：千円）

	【株主資本】					
	【資本金】	【資本剰余金】			予約権】	純資産合計
		資本準備金	【その他資本剰余金】	資本剰余金		
前期末残高	824,105	809,105	156,162	965,26	40,125	1,733,899
当期変動額						0
第１回新株予約権行使	210	210		210		210
第16期株主配当金						△ 24,766
当期純利益						525,238
株主資本以外の項目の当期変動額（純額）						△ 0
当期変動額合計	210	210		21		500,682
当期期末残高	824,315	809,315	156,162	965,47	40,125	3,200,060

❹個別注記表

個別注記表

（重要な会計方針に係る事項に関する注記）

1．資産の評価基準及び評価方針

⑴有価証券の評価基準及び評価方法

①子会社株式及び関連会社株式

移動平均による原価法

②その他有価証券

時価のあるもの

決算期末日の市場価格等に基づく時価法

（評価差額は、全部純資産直入法により処理し、売却原価は、移動平均法により算定）

時価のないもの

決算手続き後の業務

「決算手続きの緊張感は、財務課でしか味わえないものなの。最近は、マスコミが財務指標でランキングをつける傾向があるので、なおさら決算が重視されるわけです」

「なるほど！　決算のあとは何があるんでしたっけ？」

「決算のあとは、納税手続きが待ってるのよ。法人税や地方税の申告、消費税の申告、そして税務調査への対応などを行います」

「税務調査なんて、ものすごく緊張しそうです」

税金業務①　法人税の申告と納付

会社は、様々な税金を払いますが、その中でも**法人税**は代表的なものです。税金の課税対象を「**課税標準**」といいますが、法人税の課税において、標準とするのは、「**事業年度の所得金額**」です。

《法人税の申告と納税手続き》

●法人税申告書の作成

・法人税の収益＝「**益金**」
・法人税の費用＝「**損金**」
・法人税の利益＝「益金－損金」＝「**所得**」

●法人税申告書の提出手続き

1）税務署への持ち込み
2）郵送
3）電子申告

→ 余裕をもって申告期限前に提出

●法人税申告書の提出手続き

1）納付書で銀行から納付
2）電子納税

→ 余裕をもって申告期限前に納税

財務会計の「**当期純利益**」が、事業年度の所得金額に該当します。利益と所得の計算過程は似ていますが、一致はしませんので注意してください。

財務会計の当期純利益は、法人税を差し引いた金額ですが、法人税の所得は、法人税を差し引く前の金額です。

会計の利益は、収益から費用を差し引いて計算しますが、会計上の収益と費用に相当するものを、法人税では、「**益金**」と「**損金**」と呼びます。法人税の所得は、益金から損金を差し引いて計算します。法人税申告書は、会計上の当期純利益をもとにして、収益を益金に、費用を損金に調整する意味合いがあります。

法人税の納付期限は、**決算日の翌日から2カ月以内**です。申告期限の延長の特例を受けてい

《法人税等の申告・納付》

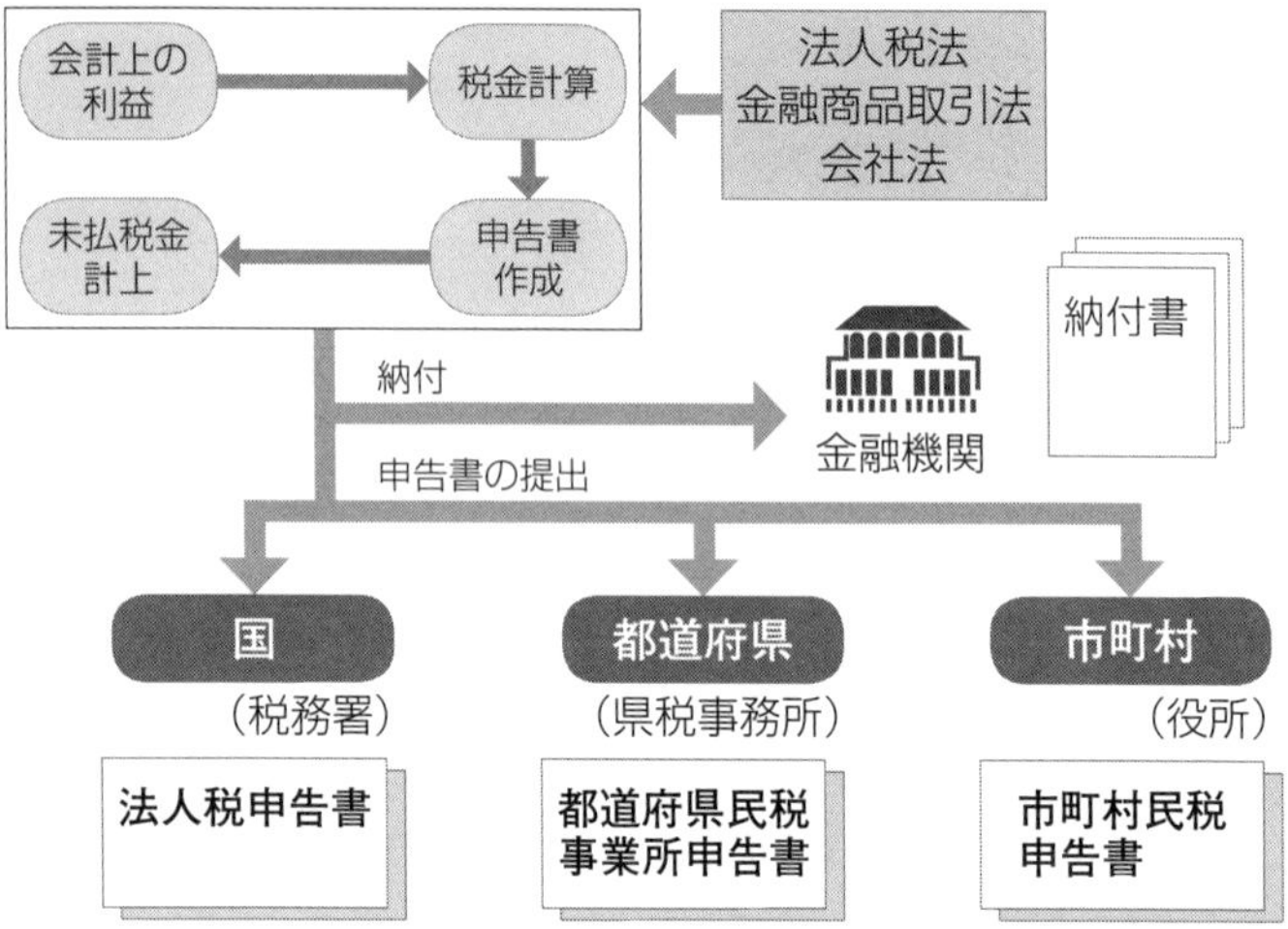

る場合でも、納付期限は延長にはなりませんので、注意が必要です。

法人税のほかにも**消費税**、**地方法人税**、**地方税**（**都道府県民税と事業税及び地方法人特別税**、**市町村民税**）がありますので忘れないようにします。

法人税は、会社単位で申告することが原則ですが、一定の条件により企業グループを一体として申告・納税を行う「**連結納税制度**」を選択することもできます。消費税や地方税には、連結納税制度はありません。

また、税法は、そのときの経済政策や経済状態などによって、**毎年変わるもの**ですので、常に最新の情報を得るように注意する必要があります。

《消費税の納付》

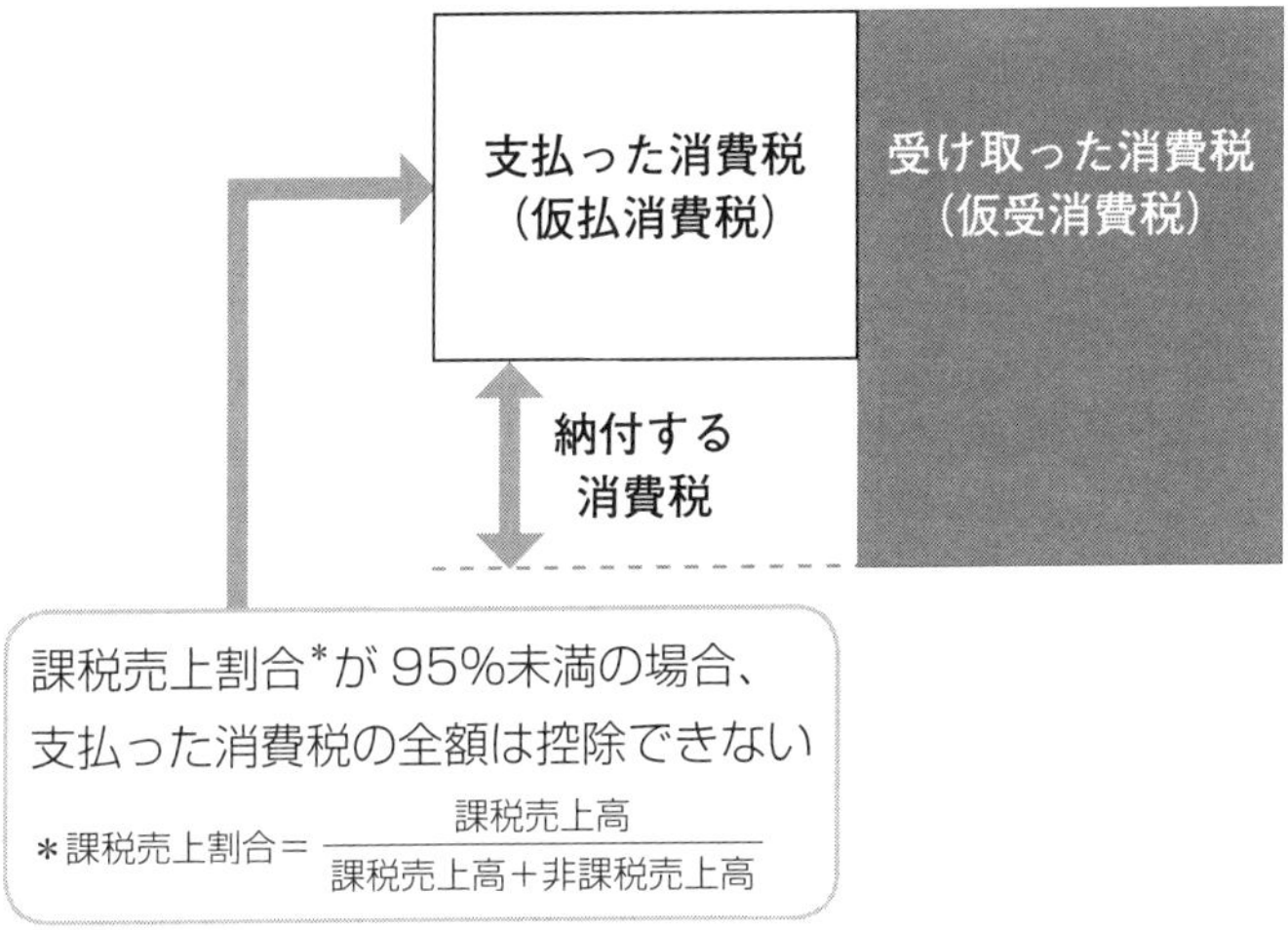

税金業務②　消費税の処理

消費税は、本来会社が負担する税金ではなく、一般消費者が負担する税金ですが、申告書作成と納税をするのは、会社になります。消費税を正しく申告するには、取引ごとに課税売上や非課税売上、課税仕入など消費税の課税区分を会計システムに正確に入力することが大切です。

　申告の際には、課税売上について受け取った「**仮受消費税**」から、課税仕入において支払った「**仮払消費税**」を差し引いた金額を納付します。ただし、課税売上割合（上図＊参照）が95％未満の場合は、納税額の計算が複雑になり、仮受消費税から控除できるのは、課税売上に対応する仮払消費税のみなので注意が必要です。

＊消費税の税率は、現在は8％ですが、２０１７年４月から10％に値上げされることが決定しています。（２０１６年１月末現在）

《消費税の処理》

●課税の対象（消費税法２条・４条）

国内において事業所が対価を得て行った資産の譲渡または貸付、役務（サービス）の提供

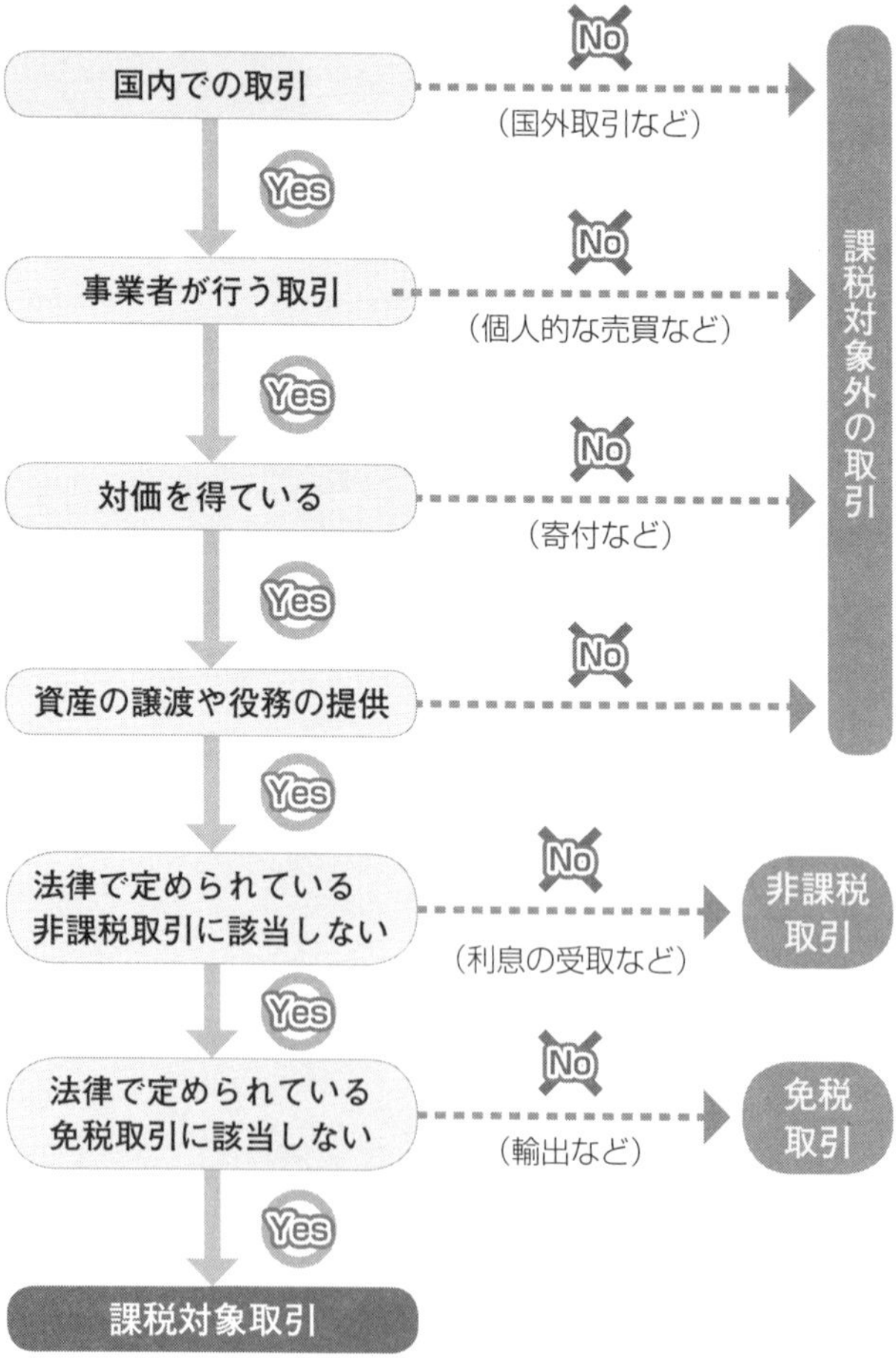

第5章

経理の仕事に必要なこと

Story
僧ローレンスのたくらみ

露見さんは外出か
キスしたあの夜以来
ロミオこと露見さんとは一度も口をきいていなかった
その隣は…
管理課の久野さん
久野《くの》 優《まさる》（26）
管理課
イニシャルがMQなので私はこっそり「マーキューショー」と呼んでいる

そのマーキューショーと
ティボルトこと浜岡くんが
事件を起こした
どうして仮払いを拒否するんだよ！
だから上からの許可が下りないと仮払いはできません
ざわ
ざわ
部長に聞いたら許可しているって言ってたぞ
僕は聞いてませんから
なんだと!!
この野郎！嫌がらせか？
ふざけるなよ！
キャー
久野さんは
浜岡くんを殴った
そしてそのことが
原因で退職することに

ますます経理部内は
険悪な雰囲気になってしまった
特に露見さんは
久野さんのことをかなり心配していたという
そして…
会議室
失礼しま…
びくっ
…浜岡君
会社の資金のことで事情を聞きたいんだが…久野君に仮払いができなかった理由を説明してもらおう

ティボルトこと浜岡君は
会社の資金を
不正に引き出していた
噂では
押し込み販売の揉み消しで
生じた損失補てんの穴埋めに
株式投資をしていたらしい
誰の指示だったか
うやむやのまま
浜岡君は会社を辞めた
久野さんの一件以来
露見さんが
浜岡君の身辺を
探っていたと
噂が立ち
今度は露見さんが
財務課から
目のガタキに
されてしまった
カタカタ
カタ…
「モンタギュー家は
マーキューショーを失い
キャピュレット家は
ティボルトを失いました
対立はますます激しく
なるばかりです…」
険悪な雰囲気に
気が滅入る日々が
続いていた
はぁ
ロミオとはその後
どうなったの？
露見さんとも
ずっと会っていない…

たとえ話す機会があったとしても
何を話したら…
露見さんは
どういう気持ちで
あんなことをしたのだろう
単なる気まぐれ？
それとも…

路木部長の定年の日が近くなり
後任の人事にみんなの関心が集まっていた
当初は路木部長からの指示を受けた管理課長が有力だったが
財務課長が常務を味方に引き入れて巻き返してきている
ランチ一緒に行きませんか？
そんな中露見さんは
行動予
露見
上海出張
安本
海外企業の買収のため上海に長期出張中だった
今頃露見さんは何をしているのだろう…
悪いね 週末に都内に出向いてもらって…

露見くん
上海の××社の買収はどうかね？
交渉次第で折れてくれると思います
そうか期待しているよ
ところで経理部内はどうですか？
相変わらず険悪な空気だね
まさか私の後任をめぐってこんなことになるとは…
僕にも責任があると思ってます
何とか経理部内の融和が図れる方法はないのでしょうか？
…まだ 極秘の話なんだけれど
じつはわが社には
同業の会社と対等合併する話がもち上がっているんだ

えっ
会社《うち》が合併？
カチャ
かなり具体的に話が進んでいるようだよ
新しい部長は合併先から迎える予定なんだ
経理部内の争いが激しいからね
どちらからも後任を選べないと判断したんだよ
そうですか…
まさに一寸先は闇という時代ですね
合併で新しい部長を迎えれば争う意味がなくなり
お互いが融和するのではないかと
トップは考えているんだ
……
僕もそうなることを希望しています
…そこで君に提案があるんだが…

メール
カチッ
露見さん――…
えっ!
露見さんが 会社を辞めた…?
メールには理由など何も書いてなくて
「今までお世話になりました」と
ジュリエッ
キャピュレット家
モンタギュー家の
争いは
だったのか?
にロミオが
をやめて
いました
の退社です
はまったく相談も
ありませんでした
定番の挨拶の言葉だけだった…

なんでひと言も相談してくれなかったんだろう
年 月 日
私はついにロミオまで失ってしまった
あのときのキスは何だったの？
私は…どうでもいい存在だったのかな…
ぱっ
カタ
カタ…
年 月
私もあの会社で働く気力がありません…
New
年
ロミオにふられたの？

連結子会社に出向？
ああ
財務課から目のカタキにされている君が
今戻ると争いが激化する可能性があるからね
心配ない
ほとぼりがさめるまでの辛抱だよ
……
カチャ…
わかりました
出向します
こんな事情があったことなんて
このときの私は知る由もなかった

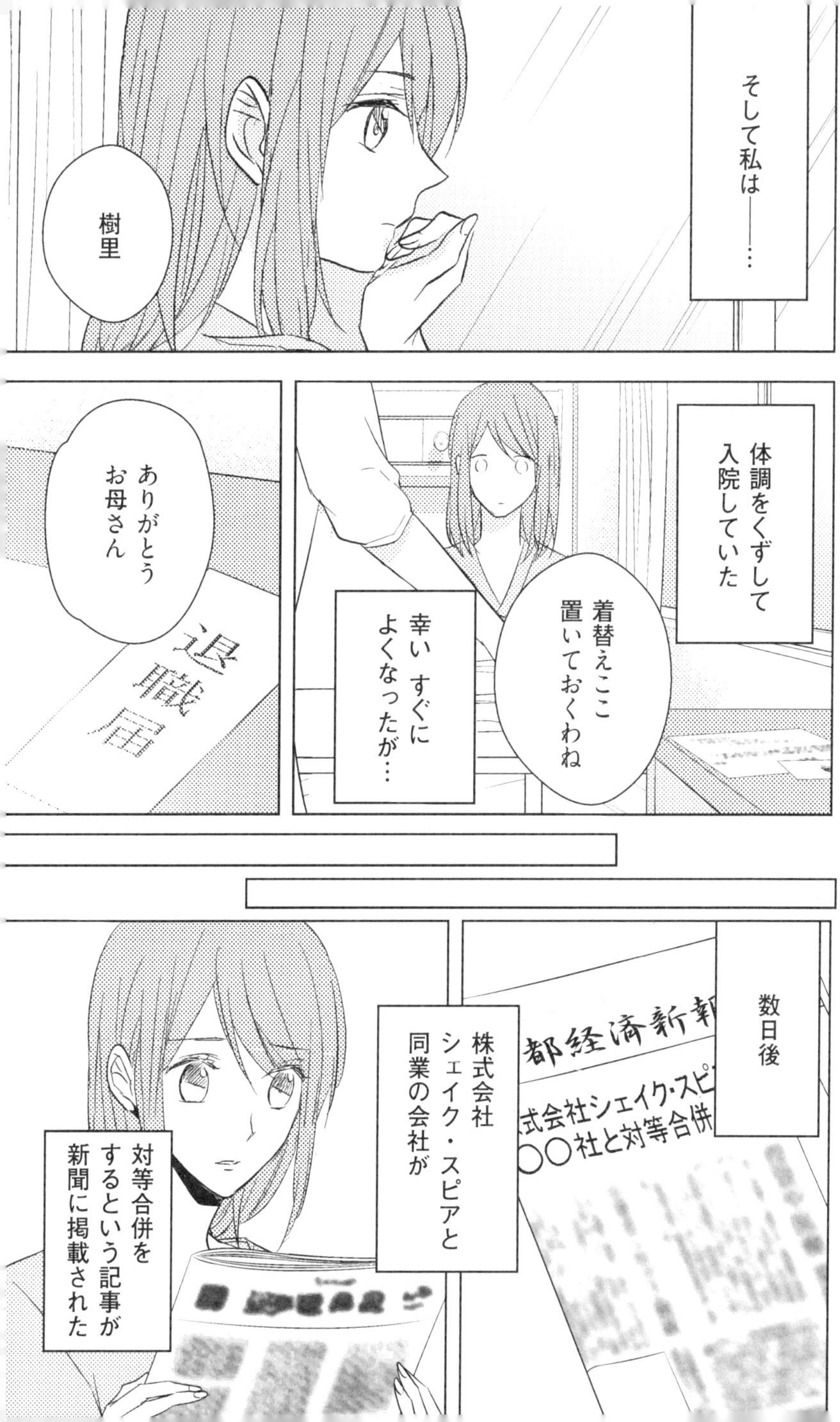
そして私は――……
樹里
体調をくずして入院していた
着替えここ置いておくわね
幸い すぐによくなったが…
ありがとうお母さん
退職届
数日後
株式会社シェイク・スピアと同業の会社が
対等合併をするという記事が新聞に掲載された

解説⑦ 第5章

経理の仕事に必要なこと

「この章では、財務会計、管理会計、資金業務に必要な知識について見ていきます」

「はい、ラストスパート頑張ります！」

「まず、財務会計に必要な知識ですが、当然ながら簿記の知識は必要です。最近は会計ソフトが発達して、簿記の知識がなくても仕訳ができるということをうたっているものもありますが、そういうソフトは取引をある程度定型化しているので、個々の細かい対応が難しかったりします。個人事業者や小規模法人向けというところでしょうか」

「やっぱり地道にコツコツと勉強が必要なんですね」

「そのとおりです！」

《企業会計原則》

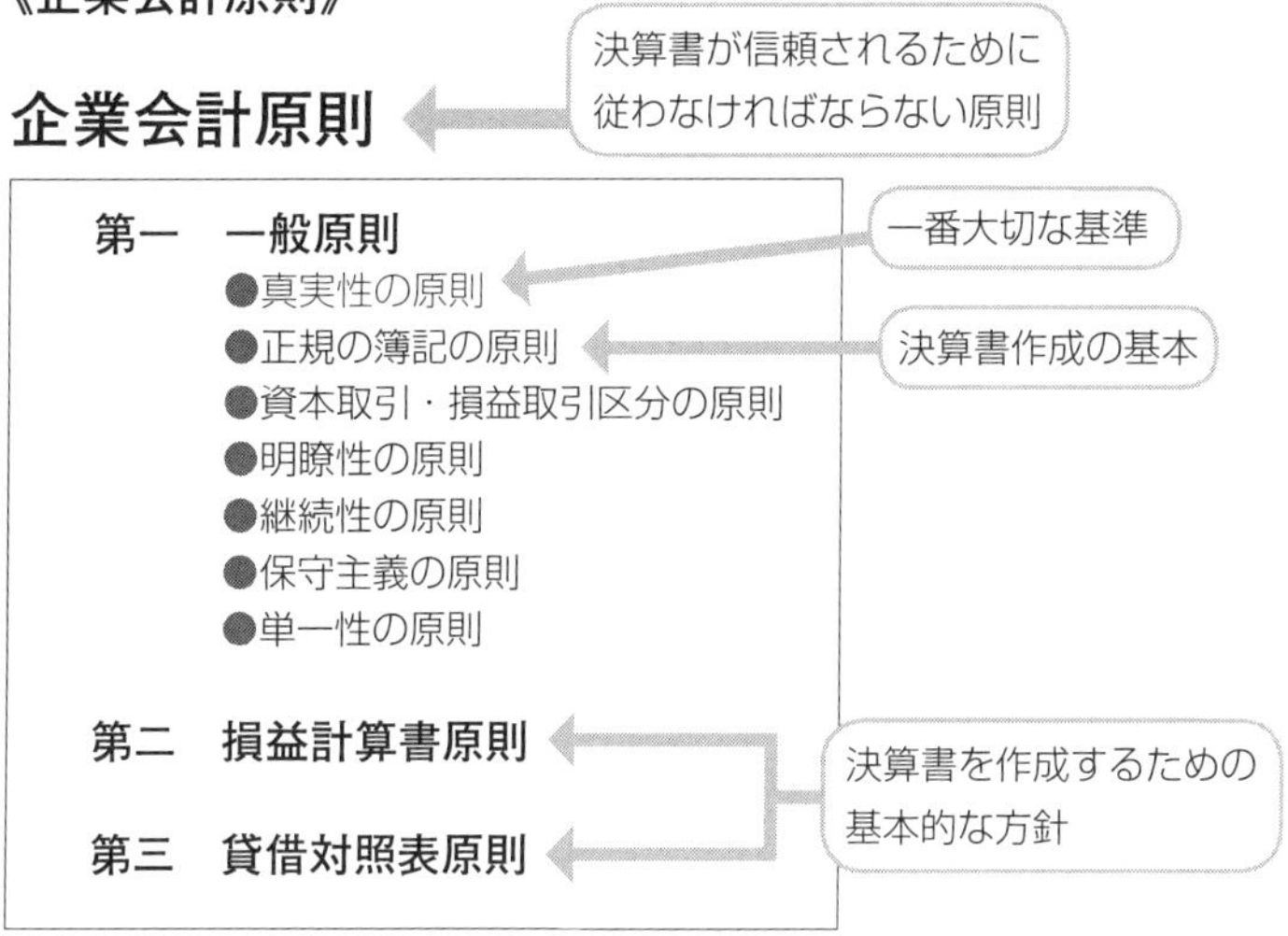

経理の仕事に必要なこと①

簿記や会計学の知識

必要な知識として、まず浮かぶのが簿記の知識です。経理部の仕事は専門職とも呼ばれるので、それぞれ深い知識が要求されるのですが、基本的な知識として、せめて日商簿記2級は取得しておくべきでしょう。簿記を勉強すればわかりますが、企業会計原則も、会計学の最も基本的な事項として、常に頭に入れておきたいものです。経理の仕事に必要な知識を整理すると、簿記や会計学などの「**経理実務のための専門知識**」、「**取引を理解するための周辺知識**」、「**経営の観点からの知識**」に分けられます。

幅広く、かつ、深い知識の取得のために、日々の努力が肝心です。

《経理の仕事に必要な知識》

(1) 専門知識（経理実務）

簿記論	会計学	財務諸表論
会社法	金融商品取引法	法人税法
消費税法	その他の税法	など

(2) 周辺知識（取引理解）

ファイナンス	コーポレートガバナンス	
金融商品	投資形態	など

(3) 経営知識（深い理解）

経営学	販売管理論	マーケティング
生産管理	深い教養	経営哲学　など

《事業再編のパターン》

	事業の強化	事業の撤退
内部資源活用型	組織形態の変更 ●事業部制 ●社内カンパニー制 ●持株会社　など 事業単位の組み換え	事業の廃止 ●会社の清算
外部資源活用型	事業の取得 ●M&A 共同事業 ●業務提携 ●任意組合、LLP ●合併会社　など	事業の売却 ●M&A ●MBO

経理の仕事に必要なこと②　事業再編と経理

長引く不景気の影響で、会社をとりまく経営環境は厳しいものがあります。めまぐるしく変わる経営環境に合わせて、**事業の再編**や**再構築**などがよく行われています。

事業の再編や再構築は、会社のトップが行うものですが、経理部にも役割が与えられます。事業の再編や再構築をどのような手法を用いて行うのか、どのような効果があるのか、資金の調達はどうするのかなど、体制の整備や、法律・会計・税務の分野において情報の提供や的確なアドバイスが求められます。事業の再編や再構築と並んで、**Ｍ＆Ａ**もよく行われるようになりました。Ｍ＆Ａとは、合併（Merger）と買収（Acquisition）の略で、合併や会社分割、事業譲渡、株式取得などの手法を用いて、会社や事業の支配権を取得するものです。

Ｍ＆Ａを実行するには、候補となる会社の調査や評価はもちろん、法律・会計・税務などの専門知識が要求されます。そのため、社外の専門家に業務を委託することも多く行われます。経理部としては、社外の専門家との意思疎通を図り、自分の会社の社内事情を詳しく説明することが重要になってきます。社外の専門家は、専門知識は豊富でも、会社の内情などには疎い場合があるからです。

経理の仕事に必要なこと③ 国際会計基準

近年注目を集めているのは、**国際会計基準（ＩＦＲＳ）**への対応です。国際会計基準とは、イギリスに本部を置く国際会計基準審議会が定めた会計基準のことです。ＥＵを中心に世界１２０カ国以上で採用されており、日本では２０１０年３月期決算から任意で使えるようになりました。２０１５年３月末時点で国内の75社が導入済みか採用を予定しています。これらの企業の時価総額は約１０８兆円で、全上場企業の約2割を占めています。国際会計基準（ＩＦＲＳ）の特徴は、次の3点が挙げられます。

❶**原則主義**　原則だけを明確に示し、細かなルール（規則）は極力作らない。日本や米国は細かなルールを作成する細則主義。原則主義のもとでは、企業はIFRSの考え方を理解し、適用する会計処理について適切な自主判断と説明責任が重要となる。

❷**将来予測を重視**　バランスシート（貸借対照表）を重視する資産負債アプローチを採用。これとは逆に、現在の日本は収益費用アプローチといわれている。また、取得原価よりも公正価値を重視。特に将来キャッシュフローの現在価値が多用される。

❸**恣意性の排除**　包括利益の導入、特別損益の区分の廃止により、含み資産を利用した益出しや特別損益を利用した恣意的な処理ができなくなる。

《国際会計基準（IFRS）の内容》

1．IFRSの中身

作成機関	国際会計基準委員会（IASC）	国際会計基準審議会（IASB）2001～
考え方	フレームワーク＊1	
基準書	IAS（1号～41号）	IFRS（1号～15号）
解釈指針	SIC（1号～32号）＊2	IFRS（1号～21号）

＊1　正式名は「財務諸表の作成及び表示に関するフレームワーク」という。
＊2　大部分が廃止されている。

2．現在の日本基準との相違点（一部）＊

項目	日本基準	IFRS
収益認識	出荷基準が一般的	事例により検収基準
有形固定資産の減価償却	税法基準（定率法が多い）	自社で見積り（定額法が多くなる）
繰延資産	資産計上が可能	資産計上は不可
研究開発費	発生時に費用計上	一定の要件を満たす開発費は資産計上
のれん	償却する（20年以内）	償却しない

＊2015年12月末時点

経理の仕事に必要なこと④

これからの経理部のあり方

「近年、ディスクロージャーという情報開示に対する要求が大きくなってきているので、この点が重要だと思うの。積極的に情報を開示して、経営の透明性を示すことが、求められているわ」

「経理部は、経理情報を作成し、それを開示する役目を担っているんですよね？」

「最近では、過去の経理情報だけでなく、経理情報以外の情報や、未来の情報なども投資家に開示して、企業価値を高めるＩＲが注目されているのよ」

《情報開示機能の変化》

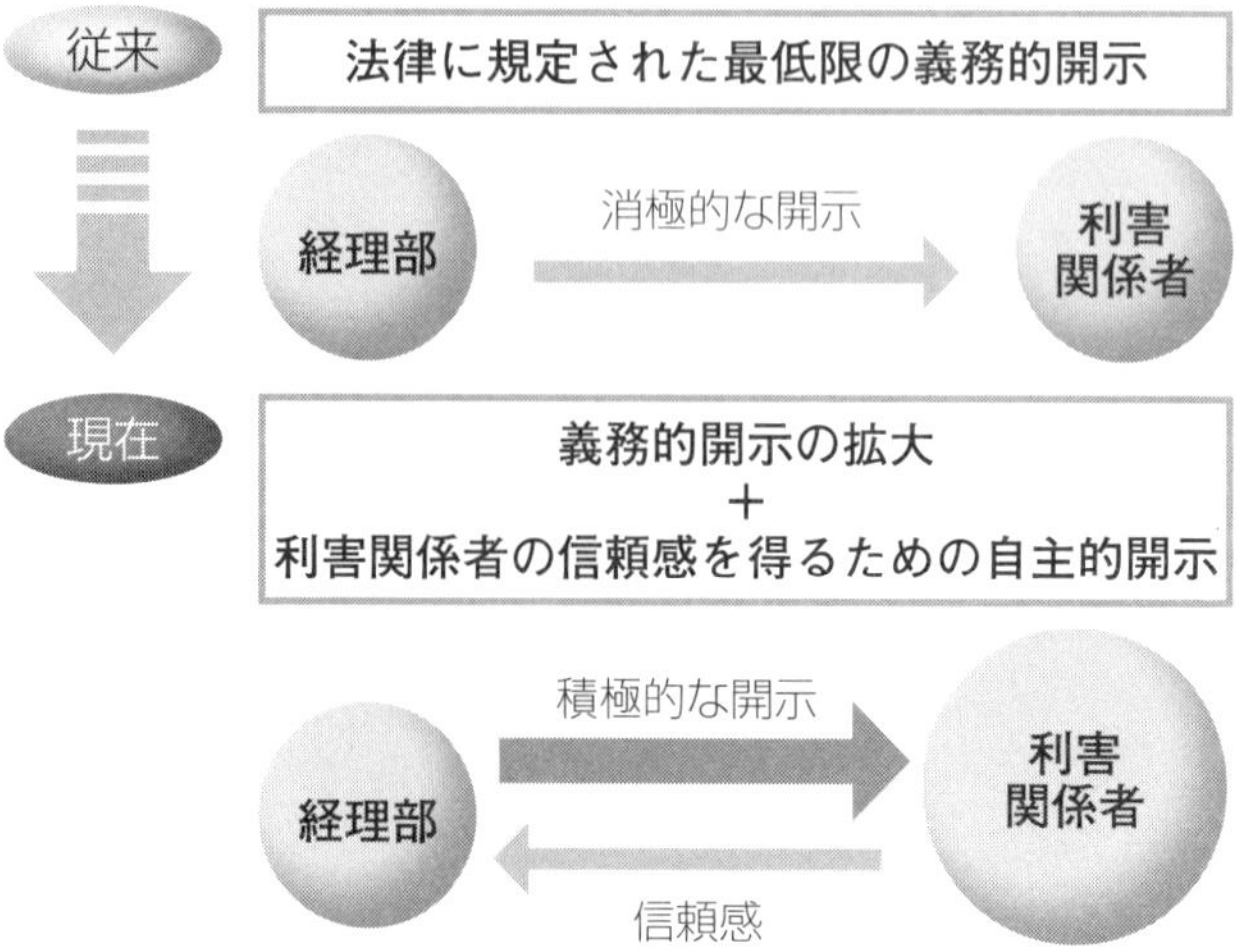

内部統制への対応とは？

「これからの経理のあり方で、ほかに大切なことは何かありますか？」

「**内部統制**への対応です。内部統制というのは、多様な個人や機能がひとつの組織体の中で営業活動を継続していく仕組みや経営管理手法を総称したものなの」

「今ひとつよくわかりませんが……」

「わかりやすい例を挙げると、コンプライアンスっていう言葉は知ってる？」

「ああ、コンプライアンスなら聞いたことがあります。悪いことをしちゃいけないってことですよね？」

「まあ、そんなところよね。内部統制の目的は、会社内部での事業を進めるにあたっての効率を高めること。同時に法規を遵守する仕組み、つまり、コンプライアンスを維持すること、資産の保全を図ること、などが挙げられます。会社法では、内部統制の整備が進められていて、金融商品取引法では、《内部統制報告書》の作成と外部監査が義務づけられました」

《内部統制のしくみ》

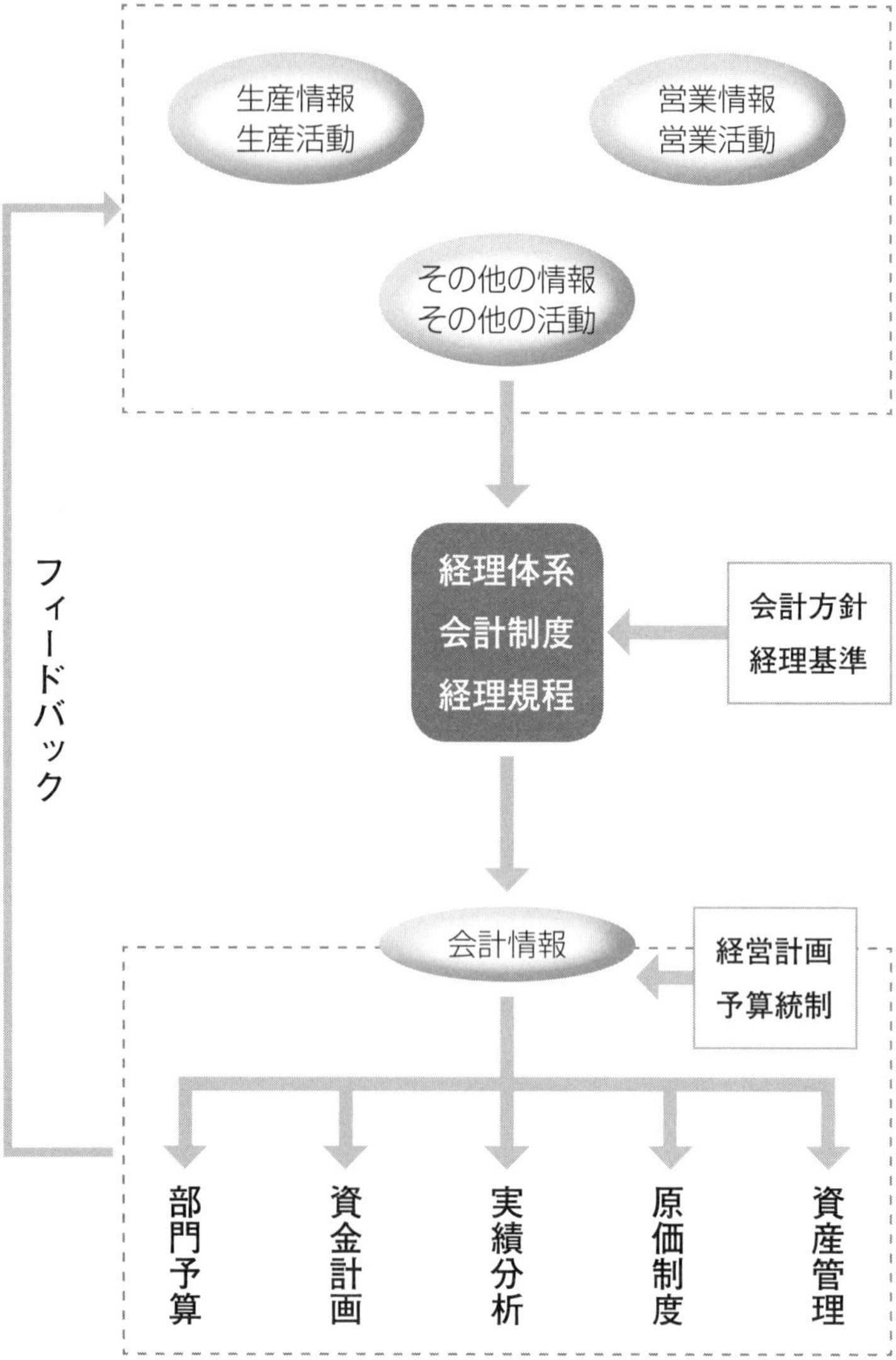
生産情報
生産活動
営業情報
営業活動
その他の情報
その他の活動
経理体系
会計制度
経理規程
会計方針
経理基準
フィードバック
会計情報
経営計画
予算統制
部門予算
資金計画
実績分析
原価制度
資産管理

内部統制で経理部が果たす役割

「経理部は、この内部統制の要になる部署でもあるのです」

「それは、とても重要な仕事ですね」

「金融商品取引法では、財務報告の信頼性を確保するための内部統制を《財務報告にかかる内部統制》として規定しています。これに関して、経理部が果たす役割としては……

❶会計制度の確立と運営指針の策定
❷会計制度の運用
❸経営計画策定

の3点が挙げられています」

「経理部って、いろんなところから頼りにされているんですね。なんだか、やりがいを感じてきました」

《内部統制と日常的に管理すべき事項》

フロー	内部統制事項
仕入交渉	
↓	
契約	●契約価格に偽り、不正はないか（着服、横領）
↓	
入庫	●仕入れた商品は入庫されているか ●品質に問題はないか
↓	
支払	●二重払い、過払いはないか ●契約価格に偽り、不正はないか ●精算に間違いはないか
↓	
在庫	●帳簿在庫は実在するのか（盗難、紛失）
↓	
商談	
↓	
契約	●契約価格に偽り、不正はないか（着服、横領）
↓	
入金	●過少入金はないか
↓	
納品	

リスク情報のモニタリング

「これからの経理のあり方として最後に挙げるのは、**リスク情報のモニタリング**です」

「どういうことですか？」

「モニタリング、つまり、『**監視**』ということ。内部統制とも関係するんだけど、リスク情報を監視して、会社のトップに情報を提供したりすることなの。最近は、企業を取り巻くリスクが増えているし、リスクへの対応を間違えると、企業の存亡にも関わる事態になることがあるからね」

「これも大事な仕事ですね」

「経理部には全社の情報が集まるので、リスク情報も集めやすい部署なの。こういう役目には、ピッタリの部署と言えるわね」

「ところで、先輩！　露見さんとの関係、そのあとどうなったんですか？　いろいろと私の耳に入っていますよ？　気になってしょうがないんです。教えてください！」

「え？　な、何のことかしら？」

《これからの経理部のあり方》

1．ディスクロージャーへの対応

- 会社法、金融商品取引法、会計基準、税法の頻繁な改正への迅速な対応
- 年度決算、半期決算、四半期決算に対応するための経理業務の効率化
- IFRS の強制適用の入念な準備（海外子会社と会計処理の統一が必要）

2．内部統制への対応

- 会社法の内部統制の整備
- 金融商品取引法の「内部統制報告書」の作成と監査

3．リスク情報のモニタリング

- 経理情報に含まれるリスク情報のモニタリング
- 経営者へリスク情報の適時報告
- リスク情報の開示

Epilogue

経理部のあり方

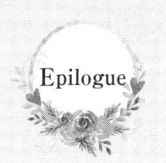

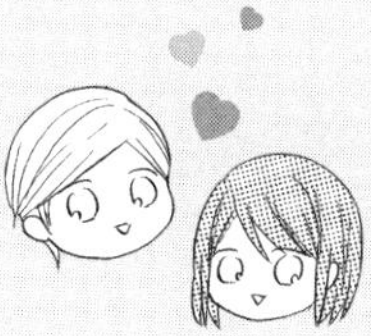

Story

大団円

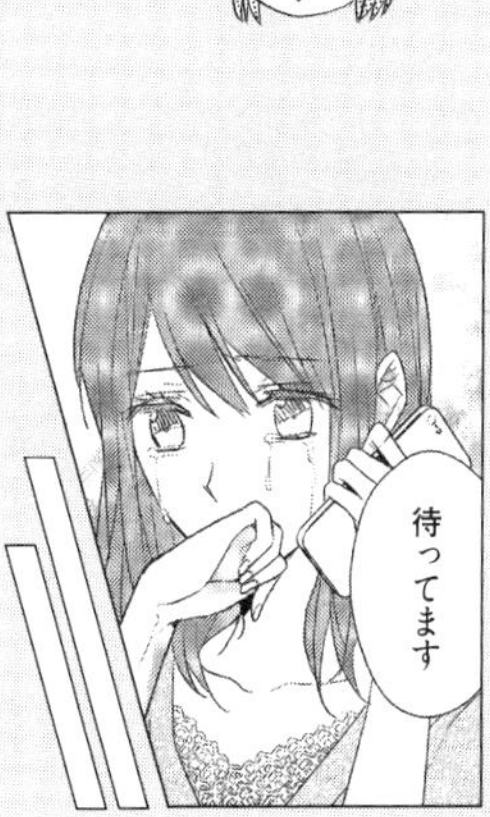
待ってます

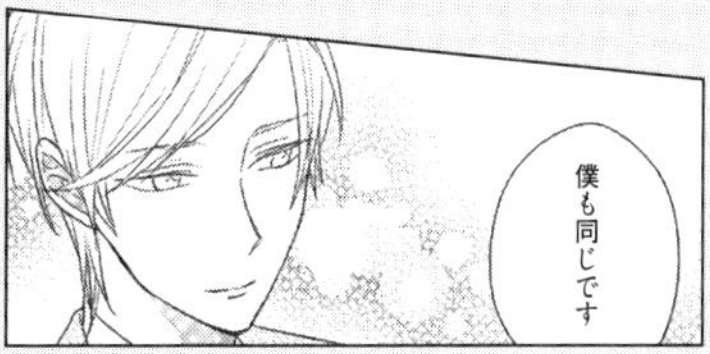
僕も同じです

辞令
後任の経理部長は
合併先の人間だと⁉
人事発表のあと
今までの闘争は何だったんだ…
久野 浜岡 露見 そして桂木… 有能な人材を4人も失ってしまった
財務課長も管理課長も
争うことの無意味さを知り和解したそうだ
新部長により新設された
株式会社シェイク・スピア 事業再編事務局
「事業再編事務局」は経営の中核を担う部署だそうで——……
えっ
桂木さんが辞めた？
体調をくずして入院していたんだが 私のところに退職届が届いてね…

そうですか…
残念です
それに伴い手腕を見込まれて露見さんが出向先から帰任
退職予定だった路木部長も顧問として復帰していた
そうだね
桂木さんのような誠実な人はとても貴重だった
はい
彼女の理想は財務と管理が協力すべきだという考え方で
この会社には必要でした
どうにか戻ってきていただくことはできないでしょうか
うーん…
あ
お話中すみません
経理部長

ちょっと打ち合わせいいですか
相談したいことがありまして…
事業再編事務局の人事のことで――…
その頃 私は就職活動中だった
プレミアム・エージェント
経理・財務の求人に特化
あなたの転職を応援する
ご利用満足度98%
40000件以上の情報
ロミオがいない職場《世界》……
どこの募集を見ても心がときめかない…
ブログのタイトルも「失業中のジュリエット」に変更した
「ジュリエットに何かいい仕事をください」なんて…
New
ボクと一緒に
仕事をしましょう
ロミオより

えっ
あれ
電話？
会社から？
桂木さん？
驚かせてしまって
すみません
待ってます

株式会社シェイク・スピア 事業再編事務局
今日から こちらで働かせて いただきます
桂木樹里です
桂木さん お久しぶりです
露見さんと 目を見て 話をするのは
キスをした あの夜以来だった
露見さん…
？
ひどいです こういう計画なら ひと言ぐらい 相談してくれても…
ご ごめんなさい

でも私露見さんのことだけは信じていました
僕も同じです
財務と管理それぞれが協力する新しい経理部で
会社を盛り上げていきましょう！

おわりに

いかがだったでしょうか。ふつうの経理の本とは違っているのでとまどったかもしれませんね。

初心者のための経理の本は、簿記とか決算書の解説が中心なので、「これは経理の本じゃない」と思ったかもしれません。でも簿記や仕訳を覚えても、じつは経理の仕事はわからないのです。それは年号や人物、事件だけ覚えても歴史が理解できないのに似ています。どんな学問でも大切なのは因果関係を知ることです。何事も原因と結果があり、方便（手段）を使いこなして広く深く理解することで、知識を役立てることができるのかもしれません。

さて、ストーリーの舞台となったＩＴ企業の株式会社シェイク・スピアは、新宿に本社がある、ある上場会社をイメージしています。その会社は設立から急成長して10年くらいで上場し、いまも成長を続けています。成長の秘訣はなんだったのでしょうか。営業力なのか、企画力なのか、社長のリーダーシップなのか……。私にもよくわかりません。

ただひとつだけ言えることがあります。その会社の社長は営業出身なのですが、設立当初から経理に興味津々でした。毎月毎月、月次決算書を真剣に分析して、いつも鋭い視点で質問されて困惑することもしばしばでした。たとえば「損益計算書を受注ベースで作ってください」というような無理難題を課されたこともあります。普通の経理の方なら「それは無理だ」と思うかもしれません。でも、それでは

「管理会計のセンス」が不足しています。優秀な経営者は経理力を武器にして経営に役立てようという意気込みが違うのです。そして、それが管理会計の神髄なのです。その社長は、今も経営の観点で大所高所から会社の決算を分析しています。

本書は１９９８年に日本能率協会マネジメントセンターより出版した『図解でわかる部門の仕事　経理部』のコンテンツを多数引用しております。同書の共同執筆者である山本浩二氏と松澤和浩氏には本書の執筆に多大なご協力とご支援をいただきました。両氏のご協力がなければ本書が出版されることはありませんでした。本書の底流に流れる経理として大切な資質である「誠実であること、現場を理解すること、論理的な思考をもつこと」は山本浩二氏が『図解でわかる部門の仕事　経理部』で書いたことです。また本書の財務会計の解説は、やはり両氏が書かれていたコンテンツが中心になっています。

本書を編集いただいたユニバーサル・パブリシング株式会社の長澤久氏は斬新な企画力で、経理の勉強を楽しく表現してくださいました。篁アンナ氏はおしゃれでセンスのいい素敵なマンガで、一見地味な経理の仕事をエレガントにしてくださいました。そして柏原里美氏をはじめとした日本能率協会マネジメントセンターの皆さんなど本書にご協力くださったすべての方に感謝の意を表したいと思います。

２０１６年２月

税理士・中小企業診断士　栗山　俊弘

さくいん

英字

あ

か

さ

ま

や

ら

【著者プロフィール】

栗山 俊弘（くりやま としひろ）

税理士・中小企業診断士。中央大学商学部会計学科卒業後マックス株式会社に入社。経理部で管理会計、財務会計、資金業務に従事した後、企画室にて経営企画を経験。その後、ケーピーエムジーピートマーウィック（現　ＫＰＭＧ税理士法人）を経て、1995年栗山税務会計事務所を設立。法人税務、法人会計、上場支援などの各種コンサル業務、相続税や不動産に関わる資産ビジネスにかかわっている。

著書　『図解でわかる部門の仕事　経理部』、『実務入門　勘定科目と仕訳がわかる本』、『経理の仕事がよくわかる本』、『新社会人のための経理の仕事』（いずれも日本能率協会マネジメントセンター）、『もっともわかりやすい　経理部の仕事』（ＰＨＰ研究所）、『はじめての人の経理入門塾』（かんき出版）

■著者連絡先
〒105-0003 東京都港区西新橋1-19-3 第２双葉ﾋﾞﾙ３Ｆ
TEL：03-3502-0721　FAX：03-3502-0732
HP：http://www.t-kuriyama.com/
Mailadress：kjkuriyama@tkcnf.or.jp

■執筆協力者
山本浩二　四樹総合法律会計事務所所属　パートナー　公認会計士、税理士
松澤和浩　青山綜合会計事務所　代表パートナー　公認会計士

編集協力／ユニバーサル・パブリシング株式会社
シナリオ制作／菅乃廣
カバーイラスト・作画／篁アンナ

マンガでやさしくわかる経理の仕事

2016年3月5日　　初版第1刷発行

著　者 —— 栗山 俊弘

発行者 —— 長谷川 隆
発行所 —— 日本能率協会マネジメントセンター
〒103-6009 東京都中央区日本橋2-7-1 東京日本橋タワー
TEL 03 (6362) 4339 (編集)／03 (6362) 4558 (販売)
FAX 03 (3272) 8128 (編集)／03 (3272) 8127 (販売)
http://www.jmam.co.jp/

装丁————ホリウチミホ(ニクスインク)
本文DTP——ユニバーサル・パブリシング株式会社
印刷・製本——三松堂株式会社

ISBN 978-4-8207-1942-7 C2034
落丁・乱丁はおとりかえします。
PRINTED IN JAPAN